RÈGLEMENT

DE LA

BIBLIOTHÈQUE DU GROUPE THÉOSOPHIQUE DE LYON

ARTICLE PREMIER. — La bibliothèque de la S. T. est ouverte chaque jeudi, au siège de 20 à 20 h. 1/2 précises.

ART. II. — Les membres de la S. T. y ont droit d'office.

ART. III. — Les personnes non inscrites à la S. T. verseront une garantie de 15 francs qui leur sera remboursée chaque année à la dernière réunion du mois de Juin, si elles ont rendu en bon état tous les livres prêtés.

Il sera délivré à ces personnes, lors de leur versement, un reçu signé du Trésorier du Groupe. Elles devront présenter ce reçu au moment de leur remboursement.

ART. IV. — Il sera perçu 0 fr. 25 par livre prêté à tous les usagers, qu'ils soient ou non inscrits à la S. T.

Ceci représente leur rétribution aux frais d'achat et d'entretien des livres.

ART. V. — Les usagers s'engagent à avoir le plus grand soin des livres prêtés en égard à l'intérêt commun.

ART. VI. — Le délai maximum des prêts est fixé à deux semaines.

ART. VII. — Toute infraction au présent règlement, dûment constatée par les bibliothécaires, peut entraîner, après un premier avis, et en cas de récidive, la suppression du droit du prêt de livres.

Dans ce cas, s'il s'agit d'une personne non inscrite à la S. T., son remboursement sera effectué immédiatement, conformément aux conditions de l'article III.

Toutefois, l'article V du présent règlement réserve tous les droits de la S. T. de retenir tout ou partie du cautionnement en cas d'avarie ou de perte de l'ouvrage prêté.

ART. VIII. — Le Bureau du Groupe Lyonnais de la S. T. est chargé de l'application du présent règlement.

PASSIONNALITÉ

(L'Homme de Désir)

DU MÊME AUTEUR

(BIBLIOTHÈQUE ÉVOLUISTE)

---

1. — **Nada** (*Cycle d'une monade*), 1918.
2. — **Maya** (*La monade dans l'homme*), 1918.
3. — **Moksha** (*Libération de la monade*), 1918.

---

4. — **Vie** (*Conscience, matière, force*), 1918.
5. — **Aum** (*Essence et Synthèse des Religions*), 1918.

---

6. — **Passionnalité** (*L'homme de désir*), 1919.
7. — **Spiritualité** (*L'homme de conscience*), 1919.

---

8. — **Santé** (*Comment se bien porter*), sous presse.
9. — **Maladie** (*Hystérie, Asthénie, Lésion*), 1918.

EN PRÉPARATION :

10. — **Bonheur** (*Art d'être heureux*).
11. — **Malheur** (*Problème de la douleur*).

EN COLLABORATION AVEC LA DOCTORESSE M. SCHULTZ

12. — **Aurore Nouvelle**, 1917.

---

13. — **Évoluisme** (*La doctrine*), 1914.
14. — **Ésotérisme** (*Ses bases*), à paraître.
15. — **Sociologie** (*Application sociale*), à paraître.

Docteur A. AUVARD

PASSIONNALITÉ

(L'Homme de Désir)

ÉDITIONS THÉOSOPHIQUES
81, Rue Dareau, PARIS (XIVe)

1919

PRÉFACE

L'évolution humaine, avec ses existences successives, se divise en deux périodes :

Passionnalité, *règne de l'être inférieur, ou de désir.*

Spiritualité, *règne de l'être supérieur, ou de conscience.*

De même que dans le livre Spiritualité, *jumeau de celui-ci, j'ai essayé de tracer les principaux traits de caractère de cette seconde période, de même ici j'ai tenté, bien que le sujet fut beaucoup plus vaste, d'exprimer l'*essence *de la Passionnalité.*

Cet ouvrage n'est pas destiné, pas plus que celui sur la Spiritualité, à ceux qui sont totalement ignorants du sujet ; pour le bien com-

prendre il faut préalablement avoir étudié la Théosophie, *et surtout l'*Évoluisme *qui en est le côté pratique. Mais je crois, que pour le lecteur, qui aura subi cette préparation, il sera d'une aide utile pour saisir l'ensemble de la question ; c'est dans cette vue que je l'ai écrit et que je le publie, y résumant les idées directrices de ma mentalité.*

Étant donnée la condensation des idées sous cette forme brève, ce livre, pour être réellement profitable, ne doit pas seulement être lu, *mais attentivement* médité.

Un vocabulaire, *par ordre alphabétique, placé à la fin du volume, complète les explications du texte, et l'étoile, placée après certains mots, invite à le chercher dans cette annexe de l'ouvrage.*

I

PASSIONNEL

1°... Pour résoudre le problème de la vie, il importe avant tout de le poser nettement ; on peut le résumer en trois points :

... Qu'est-ce que l'homme ? Que sommes-nous ? (Chap. I).
... Qu'est-ce que la Nature ? Où sommes-nous ? (Chap. II).
... Qu'est-ce que la destinée ? Où allons-nous ? (Chap. III).

2°... Que sommes-nous ? — Un agrégat de trois éléments :

... Conscience.....	qui forme l'Ego, l'âme.
... Matière.....	qui sert d'enveloppe à l'Ego.
... Force.....	qui donne la vie à la matière.

Ce sont les trois éléments primordiaux qui existent dans la Nature, les seuls qui composent tout l'Univers.

3°... L'Ego, immatériel, unité de conscience, détachée du Soi universel, est des trois le principal, celui qui est l'essence de toutes choses, le maître, ...matière et force n'étant que ses serviteurs ; par lui nous avons la notion de l'être et pouvons dire : « Je »... Je pense, j'aime, j'agis, etc.

4°... La matière constitue en nous une série de corps, à savoir :

Physique Astral Mental inférieur	Etre inférieur ou Sub *	Mental supérieur Buddhi Atma	Etre supérieur ou Super *

Le Sub ne dure qu'une incarnation, tandis que le Super, ou Causal, traverse, en s'accroissant, toute l'évolution humaine.

5°... La force, prana, vitalité, qui nous vient du soleil, anime la matière, et lui permet, sous la direction de l'Ego, de subir les transformations successives, qui constituent l'évolution ; elle est le coursier qui entraîne le char, alors que l'Ego en représente le conducteur.

6°... Le Sub ou être inférieur, se compose de trois corps :

le physique...	en partie visible	... organe de l'action.
l'astral...	invisible	... organe du sentiment.
le mental inférieur...	invisible	... organe de la pensée.

La pensée concrète dépend du mental inférieur, alors que l'abstraite relève du supérieur, partie intégrante du Super ; le mental se trouve ainsi scindé en deux.

7°... Le Super se compose de trois corp invisibles :

le mental supérieur	ces trois corps sont à la fois l'organ
le buddhique	de l'action, sentiment et pensée su
l'atmique	périeurs, se résumant dans la con templation.

L'action y est représentée par le sacrifice, l sentiment par l'altruisme, et la pensée par l'in tuition,... l'ensemble constituant la Sagesse.

8°... L'homme, dans son évolution, traverse deux étapes :

l'inférieure...	Passionnalité...	Etape du Sub ou désir...
la supérieure...	Spiritualité...	Etape du Super ou Conscience...

La première, de beaucoup la plus longue, dure environ les neuf dixièmes de son évolution, la dernière n'en est que le couronnement, la transition du règne humain au surhumain.

9°... Par passionnalité * il faut entendre le règne du désir, le mot passion étant pris ici dans son sens le plus générique de désir à ses divers degrés, depuis le modéré jusqu'au plus violent ; dans cette étape inférieure l'homme est dit *Passionnel*, alors qu'il devient *Spirituel* dans la supérieure.

10°... Le titre même de ce chapitre « Passionnel » * indique que nous laissons de côté le Spirituel, pour ne nous occuper ici que de l'homme dans sa plus longue étape, celle de la passionnalité. Passionnel dans tout cet ouvrage est donc synonyme d' « être de désir ».

11°... Par désir il faut entendre une forme du sentiment *, qui non seulement nous inspire amour ou haine, mais nous attire ou repousse par une force supérieure à nous-mêmes ; le désir est en somme un sentiment dominant impérativement en nous.

12°... Le Passionnel présente trois modes d'activité :

la pensée... qui a pour organe... le mental,
le sentiment *... ... l'astral,
l'action *... ... le physique.

Ces trois activités, dont le désir est l'entraîneur, seront étudiées en détail aux chapitres IV, V, VI.

13°... Pour être évoluantes, ces activités doivent être conformes au « Bien », grand principe qui domine la nature, et qui est en elle le reflet, ou la manifestation, du Soi ; — le Bien, dont l'opposé est le mal, fera l'objet du chapitre VII.

14°... De la façon dont nous appliquerons à notre vie le principe du bien, ou de son contraire le mal,... résultera pour chacun de nous bonheur ou malheur, qui sont les deux aspects, bon et mauvais, du mot Heur, intitulant le chapitre VIII.

15°... A mesure qu'il avance dans la passionnalité, l'homme a une aspiration de plus en plus marquée vers ce qu'il appelle la liberté, qui sera expliquée au chapitre IX, et qui a d'ailleurs une parenté étroite avec le Déterminisme (chapitre X), dans lequel elle joue un rôle très important.

16°... Tous les détails de la passionnalité, mentionnés jusqu'ici : pensée, sentiment, action, bien, heur, liberté, déterminisme... aboutissent à un confluent commun qui forme en l'homme la volonté, son expression la plus intime, étudiée au chapitre XI, et qui nous conduira à la connaissance de l'évoluisme, chapitre XII, base même de l'évolution.

17°... Cette évolution se résume pour lui dans l'idéal qui le guide (chap. XIII), dans l'éducation qui lui donne l'empreinte nécessaire pour avancer (chap. XIV), et enfin dans la religion, qui est l'expression la plus élevée, en quelque sorte divine, de l'éducation (chap. XV).

18°... Arrivés sur les confins de la passionnalité, nous pourrons voir ce qu'est l'homme en famille (chap. XVI), puis dans la nation (chap. XVII), enfin pour terminer dans l'humanité (chap. XVIII) qui en est l'épanouissement ; nous aurons ainsi parcouru tous les sites de cette grande étape de l'évolution.

II

NATURE

1°... Où sommes-nous? — Sur une planète que nous avons dénommée « terre ». — Dans un système qui est dit « solaire », bien que tous le soient. — Sous la direction d'un Dieu pareil à tous ceux qu'on appelle Saguna*.

2°... Notre planète est matière... le Soleil est force... le Dieu est conscience incarnée dans son système. — Tels sont les trois éléments, matière, force, conscience, qui ici comme partout constituent la nature.

3°... Nature. — Que signifie ce mot? — Pour le comprendre il faut savoir ce qu'on entend par Nirguna-Brahman, le Dieu total et Saguna-Brahman, le Dieu de chaque système,..... l'un et l'autre représentant la synthèse de tout ce qui est.

4°... Nirguna, aussi bien que Saguna, comprend toutes les « matière, force, conscience », qui existent dans l'espace; seulement en Nirguna, les trois éléments sont séparés, au repos, alors qu'ils sont unis, vivants, en Saguna.

5°... Nous sommes en Saguna, de même que tous les êtres qui composent la nature; ce terme synonyme d'Ishvara, de Logos, sert parfois à désigner aussi leur ensemble... Saguna devient alors l'ensemble de tous les Sagunas.

6°... Comment est formé chacun de ces systèmes, qui d'ailleurs sont analogues? — Par un groupement de matière de densités différentes, par un centre de force le Soleil, et par une unité de conscience qui dirige le tout, le Logos ou Saguna.

7°... La matière la plus dense se réunit sous forme de sphères constituant les planètes, séparées les unes des autres par de la matière invisible, s'étageant, en chaque plan, par ordre de densité, et ne laissant de vide en aucun point; tous les plans s'interpénètrent.

8°... La force est centralisée dans le globe solaire, circulant de là dans tout le système. — La conscience de Saguna est répandue dans tout son système, en pénétrant tous les rouages, aussi vaste par conséquent que l'ensemble.

9°... Chacun de nous, être humain ou d'un autre règne, est formé par une unité de conscience, la monade jointe à un corps matériel qui l'enveloppe, détachée de Saguna, et vivant sous l'influence de la force solaire qui est également la sienne.

10°... Notre matière et notre force sont donc détachées de Saguna, quant à notre conscience, identique à la sienne et de même origine, elle provient de Nirguna, et subit un processus qui est le *pourquoi de la nature.*

11°... En réalité, conscience... matière... force... appartiennent chacune à un bloc unique, mais subissant des transformations incessantes en Saguna, alors qu'en Nirguna elles sont au repos ; la Nature n'est autre que Saguna, la vie résultant de l'union de ces trois éléments.

12°... Si nous voulons bien comprendre la nature, laissons maintenant de côté matière et force, pour concentrer toute notre attention sur la conscience,... le processus des mondes étant uniquement pour elle.

13°... La conscience en Nirguna, le Soi universel, après un certain temps de repos, a besoin, par fractions successives, de se retremper dans la vie,... de se rénover... ; elle n'a d'autre moyen que de s'unir à la matière, de venir en Saguna.

14°... Elle plonge d'abord dans le règne minéral, puis arrive dans le végétal, enfin dans l'animal. — Ayant subi l'élaboration de ces trois règnes, elle devient dans le règne humain la conscience de l'homme.

15°... Nous avons par cette marche ascensionnelle un aspect général de l'évolution, qui passe des minéraux, aux végétaux, et enfin aux animaux pour aboutir à nous-mêmes ; toute notre histoire est ainsi sous nos yeux, quand nous regardons autour de nous.

16°... Mais il y a toute une partie invisible, tout un règne surhumain, qui fait suite au nôtre, et qui permet à la conscience la fin de son pèlerinage ; partie du minéral elle finit ainsi dans le surhumain.

17°... D'après ce qui précède, nous voyons que la nature n'est autre chose que la progression de la conscience (sous l'aspect de monades) à travers les divers règnes, dans lesquels elle subit une élaboration successive... « sa rénovation »... raison d'être de la vie.

18°... La nature est donc l'immense atelier, où se rénove la conscience ; tout être représente, par sa monade, une étape de cette rénovation ; l'homme en fait partie comme les autres êtres, et, ceci établi, nous pourrons comprendre sa destinée... objet du chapitre suivant.

III

DESTINÉE

1°... Les deux questions « Que sommes-nous ? », « où sommes-nous ? » étant résolues, reste la troisième « où allons-nous ? » qui est celle de la destinée générale de l'homme, distincte de la destinée spéciale ou individuelle, qui sera examinée avec le Karma... Chap. XII.

2°... L'homme, en tant qu'unité de conscience, ou Ego, la seule partie vraiment intéressante de son être, va à Nirguna, d'où il vient ; parcelle détachée du Soi * universel, il traverse la nature ou il subit un processus spécial, et ce processus achevé, retourne à son point de départ.

3°... L'unité de conscience, l'Ego, ou encore la monade * comme l'appelle la théosophie, habite successivement les règnes minéral, végétal, animal, où elle détermine l'évolution, et enfin arrive à l'homme, nous-mêmes, où nous allons maintenant l'étudier.

4°... L'Ego*, dans l'homme, continue sa progression, qui se traduit par l'évolution, propre de la matière en voie de transformation ; à cet égard il importe de nettement distinguer ce qu'on doit entendre par évolution et par développement ; le premier s'appliquant à la matière, le second à la conscience; le processus de la vie embrasse ces deux points différents.

5°... L'*évolution* est un changement tel, qu'un aspect antérieur devient méconnaissable à un stade ultérieur, par exemple un végétal transformé en animal, ou un poisson en oiseau ; elle est le propre de la matière, qui prend les formes les plus diverses, sous l'impulsion qui lui est imprimée.

6°... Le *développement*, processus de la conscience est tout autre : à travers toute l'évolution de la matière qu'elle dirige, la monade reste toujours semblable à elle-même, seulement elle croît en puissance, elle se développe par un effort continu, subissant le processus « rénovation » pour lequel elle est venue en Saguna.

7°... N'oublions pas ces deux aspects, ces deux termes *évolution* et *développement*, l'un propre à la matière, l'autre à la conscience ; à eux seuls, si on les comprend bien, ils résument tout le processus de la vie, la conscience poursuivant dans les formes successives dont l'enveloppe la matière, son œuvre de rénovation.

8°... Pour ce processus, l'Ego, a dans le stade humain, ainsi qu'il a été vu (I. 4) deux ensembles de corps : le Sub (physique, astral, mental, inférieur) — le Super (mental supérieur, Buddhi, Atma) c'est grâce au Sub qu'il peut diriger les débuts de l'évolution, le Super ne se formant que petit à petit, et marquant le progrès.

9°... Quand le Super est développé, adulte, époque de la spiritualité, la vie devient facile pour l'Ego, car il a à sa disposition un serviteur docile et puissant, qui accomplit ponctuellement sa volonté, mais il n'en est pas de même, pendant toute l'étape qui précède et qui est celle de la Passionnalité.

10°... Pendant toute la passionnalité, l'Ego est mal obéi par la grossière substance du Sub, qui sous la domination du désir, produit de l'astral, sert de pilote et conduit l'homme à travers toutes les difficultés de l'existence ; le désir est alors le régent, qui gouverne attendant la majorité du roi, l'Ego.

11°... Le désir, mal éclairé sur le problème de la destinée humaine est souvent, au moins au début, entraîné dans les voies les plus diverses ; l'homme est obligé d'accomplir des tours de force continuels, une gymnastique très pénible, pour satisfaire à tous ses caprices.

12°... C'est dans cette gymnastique, où surviennent souvent des accidents terribles, mortels, que l'expérience s'acquiert, que se développe le Super ; au milieu de toutes ces péripéties, dont le but reste souvent incompris, la nature accomplit son œuvre, et amène l'homme grâce aux lois qui la servent, au but désiré.

13°... Ces lois sont au nombre de trois (chapitre XII) :

... Samsara... la roue des naissances et des morts.
... Dharma... le devoir... la route à suivre.
... Karma... la justice immanente qui remet en bon chemin.

Grâce à elles, l'homme, à travers écarts, fautes, erreurs, franchit malgré les difficultés et souvent malgré lui-même, cette terrible étape de la passionnalité.

14°... Il accomplit sa destinée, qui est d'avancer toujours, de progresser vers la perfection, terme de toute son évolution, de toutes ses souffrances ; nous bornons ici notre étude à l'étape qu'on appelle la passionnalité ; un autre ouvrage sera réservé à celle de la spiritualité, qui est bien différente.

15°... De toutes les étapes que la monade doit franchir pendant son séjour total en Saguna, on peut dire, sans hésitation, que celle de la Passionnalité est la plus difficile, la plus pénible, la plus douloureuse, car les précédentes (règnes inférieurs) étaient beaucoup plus simples, et les suivantes (spiritualité et règne surhumain) sont plus faciles.

16°... On comprend ainsi tout l'intérêt qui s'attache pour l'homme à l'étude et à la méditation des questions, envisagées dans cet ouvrage ; s'il les comprend il s'évitera beaucoup de douleurs, d'expériences inutiles, et accomplira son pèlerinage bien plus facilement et simplement.

17°... Combien de personnes, faute de guide qui sache leur montrer le chemin, se découragent, et quittant le droit chemin, celui qui conduit à la délivrance, à la libération, se lancent dans des chimères, dans le règne des poisons, des plaisirs et autres dérivatifs de leur douleur.

18°... C'est à elles surtout que s'adresse, ou que devrait s'adresser cet ouvrage... En quittant ces préliminaires qui en marquent le but et les grandes lignes ; l'auteur ne saurait former de vœu plus ardent que celui d'aider ces frères égarés, et il demande au lecteur, qui aura compris, de le seconder dans cette tâche.

IV

PENSÉE

1°... La pensée est en nous la base de toute activité ; pas tout à fait nous-mêmes, car ce nous-mêmes est l'Ego ; mais sans elle l'Ego donne l'impression d'un ouvrier sans instrument, sans outil... réduit à l'impuissance complète.

2°... Tout homme pense ; quand la pensée devient rudimentaire en lui on le dit idiot. — L'animal pense, mais les inférieurs sont en quelque sorte idiots..... toutefois il n'y a de totalement idiot que le végétal et à plus forte raison le minéral car chez lui la pensée n'existe à aucun degré, le mental faisant défaut.

3°... La pensée n'est pas, comme le disent les matérialistes, une production du cerveau ; elle a pour siège le corps mental, ovoïde invisible qui nous déborde de toutes parts, et dans lequel, grâce surtout aux sens, se forment des clichés, interprétation exacte de l'extérieur.

4°... Ce sont ces clichés, dont notre E prend connaissance par l'intermédiaire du c veau, qui n'est pas en conséquence le créate de la pensée, mais son transmetteur à l'Eg tous ces clichés reproduisent en nous les ph nomènes de la nature, comme le théâtre av ses décors traduit un drame.

5°... Le mental est pour chacun de nous u véritable théâtre, et nous sommes, sans y fair attention, toujours au spectacle, sauf durant l sommeil, où le rêve cependant constitue un spec tacle incomplet.

6°... Quand nous assistons à une représen tation, le véritable théâtre, reflet de celui de la nature, est notre mental, par lui seul nous le comprenons et en avons connaissance ; en nous repliant sur nous-mêmes, nous pouvons y suppléer par la mémoire et l'imagination.

7°... C'est ainsi que Wagner entendait même la musique comme s'il était au co alors simplement que l'imagination ou l moire ébranlait son mental ; aussi n'épro il pas le besoin de jouer d'instrument, et ne savait-il pas ou mal en jouer ; son i ment était son mental.

8°... Quand il composait, l'imagination tait en jeu son mental, comme le fait ch autre un orchestre ou instrument; et il s graphiait en quelque sorte ce qu'il enten ainsi naissaient ses compositions et ses gr opéras.

9°... Chaque mental, de par l'éducatior lui a conférée sa ligne d'évolution, arrive sorte à des propriétés spéciales, musicales l'un, architecturales ou picturales chez l'a littéraires, scientifiques chez un troisiè ainsi de suite,... les spécialités se multip en quelque sorte à l'infini.

10°... Le mental joue un rôle capital dans notre évolution, car suivant les Védas *, « l'homme devient ce qu'il pense » ; la pensée par l'habitude prend corps en nous, formant après un certain temps partie intégrante de nous-mêmes ; c'est ainsi que nous bâtissons notre être.

11°... La mort ne détruit pas cette construction progressive ; elle ne fait que l'interrompre momentanément jusqu'à la réincarnation suivante ; car bien que le mental soit nouveau à chaque renaissance, il revient avec toutes les facultés acquises dans les vies précédentes.

12°... Nous pouvons donc travailler en toute tranquillité d'esprit, nous disant que le fruit de notre travail ne sera jamais perdu ; le souvenir des détails s'efface avec le temps, la mémoire disparaît, mais la faculté de penser est ce capital accumulé en nous.

13°... La pensée, dont l'origine est en général extérieure, subit dans notre mental toute une élaboration désignée par les mots de : attention, méditation, comparaison, abstraction, induction, déduction, raisonnement, etc..., le tout aidé par la mémoire.

14°... Toute cette élaboration, qui représente une véritable fermentation intérieure, a pour but de former en nous les « idées directrices », et de nous conduire à l'abstraction, car c'est ainsi, par l'étude des phénomènes, que nous développons notre Causal.

15°... Le Causal ou Super comprend le mental supérieur, auquel viennent se joindre par les progrès de l'évolution le corps bouddhique, puis l'atmique ; notre évolution humaine n'est complète que lorsque ce Super est totalement formé.

16°... Or toute l'élaboration de la pensée, dont il vient d'être question, se cristallise en quelque sorte, à mesure que les éléments arrivent, dans le Causal, qui croît ainsi progressivement comme croît dans une fourmilière la provision de l'hiver, alors que pendant l'été les fourmis rapportent leur butin.

17°... C'est à chacun, comme les fourmis, à être diligent, et à ne pas perdre son temps dans ses existences successives ; l'été pour les fourmis représente pour l'homme une existence, et l'hiver le temps qu'il passe dans l'au-delà, utilisant ses provisions.

18°... Imprégnons-nous bien de ce rôle fondamental de la pensée ; qui est dans l'existence l'instrument indispensable à notre activité ; sans elle ce n'est pas le néant, car il n'existe pas, mais l'impuissance totale, l'arrêt de la vie.....

V

SENTIMENT

1°... Un papillon, aux couleurs attrayantes voltigeait de fleur en fleur, un petit enfant le vit et essaya de l'attraper, mais l'insecte, aussi taquin qu'il paraissait beau, s'amusa à le faire courir par petites étapes, l'emmenant loin à travers champs, monts et vallées...

2°... L'enfant ne se découragea pas dans sa poursuite... adolescent... adulte... vieillard... il continua avec persévérance le touchant souvent du bout des doigts, sans pouvoir cependant l'atteindre... il s'arrêtait la nuit et recommençait le lendemain... ainsi se passaient les jours!

3°... Vieillard il heurta une pierre, et fit une chute dont il ne se releva pas ; le papillon vint alors se poser à côté du mourant, qui put le voir dans son agonie, et s'aperçut que ce qu'il avait pris pour la séduisante bestiole n'était qu'un rayon de soleil, qui l'avait halluciné.

4°... Ce papillon* est le symbole du désir, qui toute notre vie nous fait agir ; nous croyons qu'il est quelque chose, et quand nous mourons... à la vie passionnelle... nous nous apercevons qu'il n'était qu'une illusion de nos sens abusés ; il s'évanouit avec la spiritualité.

5°... L'homme instruit doit arriver à cette notion nette, que le désir n'a pas de réalité objective, c'est un état spécial du Sub, qui exprime le besoin d'une vibration appropriée, et cette requête est nécessaire pour l'évolution.

6°... Aussi ne doit-on pas détruire le désir, le roi de notre passionnalité ; mais tout en sachant qu'il est une illusion il faut le satisfaire, le cultiver même, en se disant qu'on le fera servir à son perfectionnement ou évolution du Sub.

7°... Ainsi, quand le Sub a le désir d'agir, on dira, oui très bien, nous allons agir, mais ce ne sera pas uniquement pour ton plaisir, tu y trouveras le bonheur, toutefois nous allons faire en sorte que cette action soit utile aux autres, de la sorte nous y trouverons notre compte tous les deux.

8°... Quand le Sub désire aimer, parfaitement répondrons-nous... Homme ou femme je vais me marier, la satisfaction morale et celle des sens s'en suivra, le mariage cependant n'aura pas que ce but, mais aussi celui de fonder une famille, d'élever des enfants vertueux, utiles à la société.

9°... Quand le Sub désire penser, se donner le plaisir de connaître, nous le satisferons également, mais en ayant soin que les connaissances à acquérir servent à notre évolution, au bien-être général, en conduisant l'humanité vers le bonheur auquel elle aspire.

10°... De la sorte en un effort continu, nous purifierons constamment les désirs de notre Sub, en les satisfaisant dans une certaine mesure, de manière à goûter les plaisirs de la vie, mais en les colorant de plus en plus d'altruisme; ainsi se forme notre Super.

11°... Qu'est ce que le désir? un sentiment, qui nous inspire attraction ou répulsion, amour ou haine pour un objet ou une personne; compagnon inévitable de la pensée il devient le moteur de toute notre activité, la source de notre déterminisme.

12°... Tout désir vise le bonheur; complètement égoïste au début de l'évolution, il se teinte petit à petit d'altruisme, car, à l'influence du Sub qui est essentiellement égoïste, se mêle de plus en plus celle du Super qui représente l'altruisme le plus pur.

13°... Cette transformation du désir qui d'égoïste devient altruiste s'appelle *purification* de notre être ; elle indique notre marche progressive du mal (égoïsme, vice) vers le bien (altruisme, vertu), expression de l'évoluisme qui nous mène vers la spiritualité.

14°... Tous nos désirs, toutes nos passions reconnaissent deux chefs, l'amour et la haine, le second étant l'antipode du premier : « la paire des contraires » suivant la Gita * ; c'est à ces deux chefs que nous obéissons dans notre vie sentimentale, ce sont eux qui nous conduisent à travers l'évolution.

15°... Il est certain qu'à notre degré d'évolution la haine règne entre les peuples davantage que l'amour ; les alliances actuelles sont beaucoup plus souvent contractées *contre* que *pour* quelqu'un ; c'est une triste période de passionnalité que franchit l'humanité et dont elle ne sortira qu'en progressant moralement.

16°... L'amour est toujours bon et évolutif, sauf quand il a le mal pour objectif ; par contre la haine est mauvaise et nous devons nous efforcer de l'éliminer de notre existence, à moins qu'elle ne vise le mal, auquel cas elle doit être réduite à une simple négation froide et impassible.

17°... En dépouillant ainsi la haine de son côté violent et coléreux, en la pliant pour ainsi dire à la calme maîtrise de l'être supérieur, on la modifie considérablement et on lui enlève son caractère nocif, tout en conservant en soi l'attraction vers le bien, et la répulsion pour le mal, qui non seulement sont nécessaires, mais indispensables.

18°... Dans cette éducation du sentiment, prenons toujours pour base le besoin du bonheur qui est en nous, et dont le désir est la manifestation inférieure ; rappelons-nous constamment que nous ne deviendrons réellement heureux qu'avec l'altruisme, et dirigeons-nous vers lui de toutes nos forces.

VI

ACTION

1°... Action et activité ne doivent pas être confondues, car ces deux termes sont différents ; l'activité embrasse tout notre être, elle y est la manifestation de la vie, alors que l'action, à laquelle est réservé ce chapitre, se localise à notre corps physique.

2°... La pensée est la pourvoyeuse de l'action, elle nous indique ce que nous pouvons faire, et le sentiment nous pousse à l'exécuter ; penser... désirer... agir... sont donc les trois degrés successifs, bien qu'ils paraissent simultanés, d'une même entité qui a pour but d'assurer notre existence.

3°... Vivre... c'est à dire s'alimenter, se vêtir, se loger, et dans ce logement se chauffer... s'éclairer, telle est la question primordiale que l'homme doit résoudre sur le plan physique, nécessité inéluctable, dont la solution est en général d'autant plus pénible, que les conditions extérieures sont plus défavorables.

4°... Vivre... quel que soit le pays que l'on visite, le peuple que l'on étudie, est le gros point, qui préoccupe tous les esprits, et s'il en est quelques-uns, qui par la fortune dont ils héritent, sont à l'abri de cette préoccupation, ils constituent une infime minorité.

5°... Cette question n'est d'ailleurs pas exclusive à l'homme, car elle existe aussi pour l'animal sauvage, abandonné à lui-même, obligé de se trouver un gîte, de chercher sa nourriture et de se protéger contre les ennemis qui l'assaillent de tous côtés.

6°... Ces conditions, où sont placés tous les êtres des règnes animal et humain, étaient indispensables à l'évolution, car sans elle tous s'endormiraient dans la paresse ou n'agiraient que pour des raisons insignifiantes, pour ainsi dire sans but, et sans y déployer ni effort, ni intelligence.

7°... Certes cette lutte est pénible, elle est même parfois au-dessus de nos forces car beaucoup y succombent, mais l'évolution étant une série de vies successives, dont l'une est la suite de l'autre, ces drames ne doivent pas être pris au tragique ; ils ne sont que les épisodes d'une ascension grandiose vers un but défini.

8°... C'est en effet en méditant le but de l'évolution, qu'on arrive à en comprendre les détails et à en accepter les péripéties, car sans ce coup d'œil d'ensemble, sans cette synthèse dans laquelle tout s'éclaire, l'évolution n'apparaît que comme un chaos incohérent et incompréhensible.

9°... Les exigences impérieuses de la vie développent donc en nous, pensée, sentiment, action, qui se complètent et se corrigent réciproquement ; l'action par le succès ou l'insuccès de son résultat, nous prouve si la pensée et le sentiment ont été exacts, ou doivent être modifiés.

10°... Dans cet ensemble nous avons à nous demander quel est le rôle respectif de l'Ego et de nos divers corps : — Supposons un *entrepreneur* qui ne pense pas et n'agit pas par lui-même, par ce qu'il en est incapable, mais dont le jugement est infaillible.

11°... Cet entrepreneur ne sait dire que oui ou non ; il a sous ses ordres un *ingénieur* qui pense pour lui et fait tous les plans — puis un *contre-maître*, assez capricieux, n'aimant pas à être contrarié, qui commande et dirige les *ouvriers*, plus ou moins bons et actifs suivant leur âge et leur constitution.

12°... L'ingénieur présente ses plans à l'entrepreneur, qui les accepte ou rejette. — Quand le plan est agréé, ordre est donné au contremaître de le faire exécuter par les ouvriers ; si l'ordre plaît tout va bien, mais dans le cas contraire il y a du tirage et l'entrepreneur est souvent obligé de déployer beaucoup de fermeté.

13°... Le travail marche ainsi plus ou moins bien suivant les capacités de chacun et l'impulsion générale donnée à l'entreprise. L'entrepreneur en nous est l'Ego, — l'ingénieur, le mental, — le contre-maître, l'astral, — les ouvriers enfin représentent le physique.

14°... L'Ego ne pense pas, n'agit pas, mais il a en lui le pouvoir infaillible de juger ce qui est bien ou mal, et de dire oui dans le premier cas, non dans le second ; le mental fait les plans, donne les idées, que l'Ego examine, décrétant si elles doivent être exécutées ou remises à l'étude.

15°... Quand l'idée est acceptée, l'astral prend les ordres, donnant son avis, d'autant plus impérieux qu'il est moins bien éduqué ; si l'Ego n'est pas ferme, des discussions s'élèvent qui font souvent changer les plans, amènent ordres et contre-ordres, d'où résulte un certain désordre.

16°... Le physique obéit à l'astral d'autant mieux que les ordres sont plus nets, et qu'il est plus énergique... ainsi marche tout notre être dans la voie de l'évolution, chaque élément influençant les autres et amenant ainsi une amélioration progressive dans le fonctionnement total.

17°... L'action qui au début était essentiellement égoïste, devient de plus en plus altruiste, car à mesure que l'homme avance, perfectionnant ses moyens d'agir, il produit pour lui plus que le nécessaire, et guidé par son Ego il donne ce superflu.

18°... La même progression se continuant et s'accentuant l'altruisme progresse, et un jour vient où l'action se transforme en sacrifice... Mais ce dernier stade sort de notre sujet, car la passionnalité est alors transformée en spiritualité.

VII

BIEN

4

1°... Sans l'évoluisme il est impossible de donner une bonne définition du bien, mais avec lui la tâche devient facile, le bien étant ce qui favorise l'évolution, et le mal ce qui l'entrave;

2°... Sont analogues sur chaque ligne :

Immatériel : le Soi	Bien*...	Vertu...	Altruisme.
Matériel : le non-Soi	Mal...	Vice...	Egoïsme.

Pour comprendre non l'identité mais la similitude de ces divers termes, il importe que nous approfondissions le rôle dans la nature de l'immatériel et du matériel, encore dénommés vie et forme, le Soi et le non-Soi.

3°... L'immatériel en pénétrant le matériel y détermine la vie, l'activité, l'évolution, qui constituent la nature ou Dieu manifesté : — le premier y représente le pôle bien, vertu, altruisme ; — le second... le pôle mal, vice, égoïsme ; la religion symbolise ces deux pôles en Dieu et Satan.

4°... Partout où nous trouvons le bien, l'altruisme, la vertu nous pouvons affirmer que le Soi est derrière. — Partout où nous trouvons le mal, l'égoïsme, le vice, nous pouvons affirmer que le non-Soi en est la source. — Il n'y a pas d'exception à cette loi.

5°... En nous le royaume du Soi est dans le Super, et celui du non-Soi dans le Sub.

Le Super vit d'altruisme.
Le Sub ...... d'égoïsme.

Soi et non-Soi les composent l'un et l'autre, seulement le Soi est maître dans le Super, et esclave dans le Sub.

6°... Egoïsme signifie prendre et altruisme donner... Or l'immatériel qui donne la vie est par essence altruiste, tandis que le matériel qui la reçoit est égoïste — ainsi deviennent synonymes partout et toujours :

Matériel . . . . l'Égoïsme.
Immatériel . . . l'Altruisme.

7°... Le matériel ne peut vivre que par l'égoïsme et l'immatériel que par l'altruisme, aussi en s'unissant restent-ils en bonne intelligence, ayant des propriétés absolument contraires, et en même temps complémentaires, car ils se complètent et sont indispensables l'un à l'autre.

8°... Le bien, ainsi que la vertu qui est sa mise en pratique est conforme à l'immatériel. — Le mal, ainsi que le vice, qui représente son exécution, est conforme au matériel. — La vertu nous conduit donc vers l'immatériel, tandis que le vice nous mène au matériel.

9°... L'évolution étant la marche progressive du non-Soi vers le Soi, ou si l'on veut de la passionnalité vers la spiritualité, bien et vertu nous évoluent, alors que mal et vice ont l'action contraire; il en est de même de l'altruisme par rapport à l'égoïsme.

10°... Passionnalité représente le règne du non-Soi sur le Soi. — Spiritualité renverse les termes et constitue la victoire du Soi. — L'un conduit à l'autre grâce au développement du Super, qui, à un moment donné, devient plus fort que le Sub.

11°... Ne perdons pas de vue le but de l'évolution dans la nature ; la monade après s'être détachée de Nirguna plonge en Saguna jusque dans la matière la plus grossière, où elle s'enterre vivante, afin d'y subir un processus, qui n'est autre que celui de sa rénovation.

12°... Elle sommeille dans les règnes minéral et végétal, se réveille dans l'animal et commence à lutter contre son geôlier, la matière ; la lutte devient encore plus vive en abordant le règne humain et se poursuit pendant toute la passionnalité.

13°... A la fin de la passionnalité sa lutte est couronnée de succès ; elle devient victorieuse, la spiritualité commence, et désormais pendant toute cette fin d'évolution humaine de même que pendant la surhumaine, le Soi domine le non-Soi et en fait son serviteur de plus en plus obéissant.

14°... C'est de la sorte que l'immatériel avec sa suite : « Bien, vertu, altruisme » triomphe du matériel, ainsi que de sa suite : « mal, vice, égoïsme ». — La monade a dû se soumettre pendant longtemps au régime de la prison, pour en arriver là... mais elle y arrive.

15°... Le passionnel qui souffre et auquel on conseille de revenir au bien, car sa douleur est un effet du mal, corrigé par le Karma, se plaint souvent de manquer de critérium pour savoir reconnaître ce qui est bien et mal, blasphémant contre Dieu qui le laisse sans guide.

16°... Celui qui cherche sait trouver la bonne voie, seulement la plupart ne veulent pas se donner cette peine, préférant injurier le souverain justicier ; la douleur se charge de les corriger ; ce qui vient d'être dit précédemment peut aider considérablement dans cette recherche.

17°... Le bien, la vertu et l'altruisme étant connexes, l'un peut servir à déceler l'autre, et des trois c'est l'altruisme qui est le plus facile à reconnaître ; quand vous voulez savoir si un acte est bien, demandez-vous s'il est altruiste ou égoïste, et vous aurez la réponse.

18°... Tout ce qui est conforme à l'altruisme est bien, et par conséquent aussi vertu. — Tout ce qui est conforme à l'égoïsme... est mal et par conséquent vice ; ne faites pour vous que l'indispensable à votre existence, et tout le reste pour autrui, vous pouvez avoir la certitude d'être ainsi dans la voie du bien.

VIII

HEUR

1°... Heur est un terme tombé en désuétude, signifiant d'une façon générale « chance » bonne ou mauvaise ; nous le conservons ici comme titre de ce chapitre qu'il résume en entier, car il est la racine du bonheur et malheur, objets de notre étude.

2°... Heur est à peu près l'équivalent de Karma, et suivant la tournure qu'il prend se transforme en bonheur ou en malheur, c'est dire qu'il est, comme le Karma, lui-même la conséquence de notre activité :... pensée... sentiment... action.

3°... Le Karma est la loi d'après laquelle « on récolte ce que l'on sème » — celui qui fait le bien est payé par le bonheur — celui au contraire qui verse dans le mal aboutit au malheur ; — vertu et bonheur vont donc ensemble, de même que vice et malheur.

4°... Le *Bonheur** peut prendre deux formes : — l'une *objective* consistant en tous les événements agréables qui émaillent notre vie — l'autre *subjective*, et devenant synonyme de bien-être, contentement, santé, joie, euphorie, plaisir, félicité.

5°... Il en est de même du *malheur**, qui objectivement comprend toutes les péripéties fâcheuses de notre existence, et qui subjectivement se confond avec malaise, tristesse, abattement, mécontentement, douleur, maladie.

6°... Nous avons ainsi un aperçu des diverses formes de bonheur ou de malheur qui peuvent nous atteindre, mais en somme tout bonheur peut se ramener en nous à deux formes essentielles : le plaisir et la félicité, le malheur à une seule qui est la douleur.

7°... Concentrons donc notre attention sur le *plaisir*, la *félicité* et la *douleur*, car de l'étude approfondie de ces trois éléments naîtront les idées directrices qui doivent être la conclusion de ce chapitre. — Par quoi sont constitués ces trois états !

8°... Le *plaisir* est une vibration de l'astral, mais pouvant prendre naissance en une partie quelconque du Sub, vibration essentiellement égoïste, en ce sens qu'elle donne une sensation d'augmentation, de renforcement de la vie matérielle ; elle satisfait l'égoïsme de la matière.

9°... La *douleur*, sa contre-partie, se présente sous un aspect absolument contraire ; elle est une vibration de ces mêmes Sub et astral, mais donnant une sensation de diminution, de privation, qui enlève à la matière une partie de sa vitalité ; en un mot c'est une vibration altruiste.

10°... La *félicité* a pour siège le Super, elle est avant tout un état d'âme, accompagné de vibrations de la matière à ce niveau ; l'état d'âme est altruiste comme tout ce qui est immatériel, et la félicité est de même nature bien que la vibration y apporte un léger élément d'égoïsme.

11°... N'oublions pas que la vie de la matière est par essence égoïste, contraire à celle de l'immatériel qui est altruiste ;

L'immatériel.......... donne
Le matériel............ prend

En conséquence quand la matière prend elle éprouve le plaisir, et quand elle donne elle ressent la douleur.

12°... Une vibration égoïste est celle qui apporte quelque chose à la matière, qui la renforce, et produit en elle une sensation d'augmentation qui équivaut au plaisir, tandis que dans la douleur, la vibration de forme opposée altruiste, amène une sensation pénible de diminution.

13°... L'égoïsme arrête l'évolution tandis que l'altruisme la favorise ; on peut donc en déduire que la félicité et la douleur ont une action évoluante, alors que le plaisir a une action contraire ; tel est le bilan du bonheur et du malheur.

14°... Cependant dans le plaisir il importe d'établir une distinction entre celui qu'on peut appeler *bien*, et un autre qui est *mal*. Le plaisir-mal dérive de la vibration du Sub dont il était question précédemment (8), alors que le plaisir-bien s'accompagne en plus de l'état de l'Ego caractérisant la félicité.

15°... Dans les deux il y a à la fois, un état de matière et un état de l'Ego, seulement l'élément matière domine dans le plaisir-mal, alors que c'est l'Ego dans le plaisir-bien auquel convient le nom de plaisir-félicité, étant à la fois matériel et immatériel.

16°... Pour que le plaisir-félicité soit évoluant, le second terme doit dépasser le premier ; dans le cas contraire il sera anti-évolutif, et il faudra que la douleur vienne rétablir l'équilibre pour empêcher que l'homme ne rétrograde.

17°... C'est en effet ce qui se produit souvent, et chez les gens vicieux la quantité de malheur dépasse celle de bonheur, pour assurer l'évolution ; cette proportion est même la plus fréquente parmi les humains.

18°... On voit donc qu'avec ces trois éléments « plaisir, douleur, félicité », la nature peut conduire l'évolution à son gré, en ayant deux qui assurent la marche en avant alors qu'un seul est capable de lutter contre eux... ; l'évoluisme a ainsi une base solide [1].

1. Voir pour plus de détails sur cette question mes livres *Bonheur* chap. VI et *Malheur* IV, V, VI.

IX

LIBERTÉ

1°... Comme nous l'avons vu en étudiant le Bien (VII.. 11 à 14) la monade * en descendant dans la matière grossière y est emprisonnée et perd jusqu'au dernier vestige de sa liberté, qui était une de ses caractéristiques en Nirguna.

2°... Tant qu'elle sommeille dans les mondes minéral et végétal elle n'y fait pas attention et n'en souffre pas, mais à mesure qu'elle s'éveille dans l'animal puis dans l'homme, cette soumission à la matière lui est de plus en plus pénible, et elle s'efforce d'en secouer le joug.

3°... C'est ainsi que l'homme, arrivé à un certain degré de la passionnalité, manifeste une aspiration vers la liberté, qui devient de plus en plus impérieuse, et qui avec son besoin de connaître et d'être heureux, constituent les trois grandes aspirations qui le caractérisent, donnant l'impulsion à son activité.

4°... Ce triple besoin de Liberté, Connaissance, Bonheur, est en lui le reflet des trois aspects du Soi, admis par la science indoue, à savoir :

Sat — Etre......... — aspiration vers liberté.
Chit — Soi notion... — aspiration vers connaissance.
Ananda — Bonheur... — aspiration vers Bonheur.

En Nirguna le Soi était libre et veut le redevenir.

5°... Ignorant sa propre nature, l'homme, tout en éprouvant la soif de liberté, ne sait exactement définir en quoi elle doit consister, aussi cherche-t-il à se débarrasser des jougs qui l'enserrent de toutes parts dans la société et dans la vie.

6°... Il pense d'abord que cette liberté consiste en un affranchissement total de toutes les obligations qu'on lui imposait, il croit que libre il pourra faire ce qu'il voudra, qu'il n'aura plus ni Dieu ni maître, et qu'avec son caprice il deviendra le roi de l'univers.

7°... Aussi, renversant les trônes, les tyrans, il arbore ce mot « Liberté » que les Français ont inscrit partout avec ceux d'Egalité et de Fraternité..... devise issue de notre grande Révolution..... que quelques-uns voudraient élever jusqu'aux hauteurs de l'anarchie, absence de tout pouvoir gouvernemental.

8°... Par une singulière signification des mots il se trouve que cette devise « Liberté, Egalité, Fraternité »,..... qui a eu parmi nous une origine politique et qui est restée telle,... se trouve également être celle de l'immatériel ou de la spiritualité.

9°... Dans la spiritualité, il y a : 1° Liberté... parce que l'Ego, affranchi de la domination du Sub avec ses désirs et passions, se sent libre. — 2° Égalité ; parce que l'Ego ne voit en tous les êtres que le Soi, d'où égalité complète entre tous et même unité. — 3° Fraternité ; tous les êtres étant un fragment du Soi sont frères par essence.

10°... De telle sorte que cette devise qui pour beaucoup semble révolutionnaire et anti-sociale,... comprise ainsi que l'explique le verset 9,... devient au contraire l'expression de l'ordre le plus parfait de la nature, et peut être considérée comme Dieu lui-même descendu sur terre.

11°... Qui pourra tracer l'histoire occulte de cette devise? A-t-elle était inspirée à un homme par quelque puissance spirituellement élevée, ou est-elle simplement l'effet du hasard qui a réuni ensemble des mots dont l'expression s'élève au fur et à mesure de l'évolution? L'avenir le dira.

12°... Toutefois pour bien comprendre ce mot « liberté », il faut se faire une idée exacte de sa signification, du déterminisme qu'il exprime, et arriver à la notion nette qu'il ne s'agit ni de caprice, ni d'un affranchissement total de tout joug... ainsi que la suite de cet exposé va l'expliquer.

13°... Au point de vue social et politique, Liberté ne veut pas dire suppression des devoirs et obligations, auxquels tout citoyen est soumis, ni insubordination à ses chefs, mais affranchissement des caprices d'autrui ; il faut une *hiérarchie*... basée sur la justice et le respect mutuel.

14°... Au point de vue philosophique, Liberté... qui comprend la libre pensée et le libre arbitre,... est l'affranchissement des désirs et passions, qui rendaient l'homme esclave et entravaient l'avènement de la spiritualité ; c'est le triomphe du Super sur le Sub, ou de l'immatériel sur le matériel.

15°... Chez l'homme pourvu de cette liberté, l'Ego est maître, l'immatériel règne définitivement, mais cet immatériel a son déterminisme, comme tout ce qui existe dans la nature, de telle sorte que la même cause y produit toujours le même effet ; nous sommes donc bien loin du caprice.

16°... Prenez toute une armée de Spirituels, égaux par leur degré évolutif, ils agiront tous en présence du même événement de la même manière, absolument comme des soldats bien stylés exécutent tous un mouvement uniforme, sous l'impulsion d'un commandement.

17°... Cette unité existe pour les spirituels les surhumains et Dieu lui-même, de telle sorte que la liberté, dont ils jouissent tous, est l'accomplissement et l'unification de la volonté la plus complète que l'on puisse imaginer... d'où l'harmonie de la nature et la possibilité de l'anarchie à ce niveau !

18°... Voilà en quoi consiste la liberté, et l'on voit combien les malfaiteurs qui l'invoquent pour justifier leurs crimes, ou les révoltés leur indiscipline, sont loin d'elle, car l'on peut dire que l'homme qui est arrivé à sa conquête, est le plus soumis, respectueux et discipliné de tous les êtres ?

X

DÉTERMINISME

1°... L'Évoluisme est la loi qui nous fait évoluer, depuis le minéral jusqu'à Dieu et qui se présente sous trois aspects :

Samsâra — la roue des naissances et des morts.
Dharma — le devoir de se perfectionner constamment.
Karma — la justice immanente qui nous conduit.

2°... Samsâra se compose de quatre stades qui se répètent indéfiniment, à savoir : naissance, vie incarnée, mort, vie désincarnée — puis de nouveau naissance... etc. — Dans la vie incarnée nous recueillons les matériaux que nous utilisons dans la désincarnée.

3°... Dharma : la roue Samsâra tourne constamment, mais notre devoir est de ne pas la laisser tourner à vide, sinon notre évolution ne se fait pas ; nous sommes donc sur terre pour récolter de bons matériaux, qui, utilisés dans l'au-delà, nous ramèneront meilleur dans une nouvelle vie.

1°... Ce qu'en Orient on appelle *Karma**, et en Occident *Déterminisme*, est l'expression de de la même loi ; seulement à l'instar de toute la science orientale le Karma part de Dieu, de l'abstrait, et dans la science occidentale le Déterminisme part de l'étude des faits, du concret.

2°... Toutefois le Karma envisage surtout la conséquence de nos actes, alors que le déterminisme en étudie de préférence les causes, mais en réalité causes et effets ont une parenté étroite, et leur ensemble constitue la grande loi qu'on appelle *justice immanente*.

3°... Le déterminisme nous conduit à l'action ; l'action règle la destinée ; notre destinée modifie notre déterminisme. — Ainsi se produit une spirale « Déterminisme, Action, Destinée », se répétant et continuant indéfiniment, dont l'ensemble peut être désigné sous le nom de Karma.

4°... Action et Réaction, Cause et effet existent partout, c'est une loi universelle de tous les mondes; on la trouve par conséquent dans les diverses sciences ; elle intéresse au même titre tous les savants, mais nous ne l'envisageons ici qu'au point de vue de l'homme, où elle forme la base de la passionnalité.

5°... La loi « Karma ou Déterminisme » peut être définie : « toute cause dans les mêmes conditions. produit toujours les mêmes effets. » Si les effets diffèrent, c'est que les conditions ont été changées ; appliqué à l'homme, l'effet diffère suivant sa nature, sa constitution, en un mot suivant l'ensemble de son être.

6°... Un homme reçoit un soufflet, les effets vont différer suivant sa nature ; s'il est un passionnel, de suite le désir de la vengeance naît en lui ; si au contraire il est un spirituel, ce désir ne se développera pas et loin de riposter, à l'exemple du Christ il tendra l'autre joue.

7°... Le Passionnel lui-même aura des réactions très variées, selon la constitution de son être; suivant qu'il est fort ou faible, aimant ou haineux, imbu de tels ou tels principes philosophiques ou religieux, il se vengera peu, moyennement ou fortement; chaque être constitue un tremplin de réaction différente.

8°... Si nous possédions un réactif, ou un instrument permettant d'évaluer avec précision la constitution apparente et cachée d'un individu, nous pourrions avec la rigueur d'une loi physique ou chimique, dire que telle cause produira chez lui tel effet, pourvu que les influences extérieures et intérieures ne varient pas.

9°... L'extrême variabilité dans la constitution des individus, et de toutes les contingences auxquelles ils sont soumis, font, que si nous pouvons arriver à des prévisions justes d'une façon générale, le plus souvent nous nous trompons dans le détail; la loi existe, ne varie pas, mais les changements perpétuels du milieu où elle agit, nous rendent incapables de bien la fixer et découragent le psychologue.

10°... Notre déterminisme est la résultante des conditions de tout notre être : conscience, matière et force ; du conseil tenu en nous par cet ensemble résulte une décision, qui est enregistrée dans le mental et dirige notre activité ; c'est l'*attitude mentale*, de rôle si important dans la destinée.

11°... Notre déterminisme varie, plus ou moins, avec les éléments nouveaux qui nous pénètrent ; d'une minute à l'autre un événement, une idée, un sentiment, l'état de notre santé, le modifient ; il est surtout très variable chez les nerveux, qu'éprouvent violemment les influences extérieures.

12°... Puisque le Déterminisme est la résultante de notre constitution, le criminel a-t-il plus de démérite dans son action nocive, que le saint de mérite à se montrer un être parfait ; chacun n'est-il pas simplement la manifestation de son être ?...

13°... En effet, le mérite ou démérite n'est pas dans l'état présent, mais dans l'évolution passée, le saint a le mérite d'un long pèlerinage à travers la douleur qui l'a amené à l'état actuel, tandis que le criminel n'a pas encore accompli ce pèlerinage.

14°... Si le criminel n'est pas libre d'agir autrement qu'il le fait, — pourquoi le châtier?... on le châtie pour modifier son déterminisme; il en est de même de l'écolier qu'on punit ou qu'on récompense, pour produire en lui un bon déterminisme... toute l'éducation est là.

15°... Le déterminisme du passionnel se confond avec le désir, par conséquent aussi capricieux que lui; celui du spirituel s'élevant au-dessus du désir, devient la manifestation de la conscience libérée des passions, et à ce titre mérite le nom de libre arbitre; le libre arbitre est donc le déterminisme du spirituel.

16°... Le Déterminisme s'étend à tous les êtres : minéral, végétal, animal, humain (passionnel et spirituel), surhumain, divin ; à travers tous ces degrés de la nature il est la loi qui règle l'action et la réaction, base de toute évolution.

17°... Le Fatalisme est un de ses aspects ; vrai si on le considère dans ses effets immédiats, car il est alors synonyme de déterminisme ; faux si on l'applique aux résultats lointains, car l'homme en modifiant sa nature, modifie par là même sa destinée et en est maître.

18°... Gravons bien en notre esprit, à propos du déterminisme, que chaque être, du plus rudimentaire au plus perfectionné, agit conformément à sa nature, suivant une loi précise et inéluctable ; la liberté qu'amène un certain degré d'évolution n'est que relative et nullement contraire à cette loi.

XI

VOLONTÉ

1°... Ayant étudié « Pensée, Sentiment, Action, Bien, Heur, Liberté, Déterminisme », nous sommes maintenant en possession des éléments nécessaires pour connaître la volonté, qui a suscité tant de discussions et sur laquelle on est loin de s'accorder.

2°... La volonté est la manifestation dans l'homme de l'aspect Ananda du Soi (IX, 4.), qui dans l'être inférieur prend la forme du désir, et dans le supérieur, celle même de la volonté ; dans les deux cas c'est la même attirance vers le bonheur, exprimée différemment.

3°... Savoir... vouloir... pouvoir... représentent les trois aspects de notre activité ; le vouloir que nous étudions ici se présente différemment suivant qu'on l'envisage dans le Super où il constitue la volonté supérieure ou dans le Sub où il devient la volonté inférieure.

4°... Ces deux volontés sont totalement différentes ; l'inférieure se confond avec le désir, manifestation de l'astral, partie du Sub, tandis que la supérieure appartient à la conscience et habite le Super ; à cette dernière on applique souvent le nom de volonté sans épithète, l'opposant au désir.

5°... L'inférieure, ou désir, est matérielle, dépendant des matériaux qui entrent dans la composition de notre astral ; la supérieure est immatérielle, propriété du Soi, qui impose sa direction à la matière ; aussi la première est-elle capricieuse, alors que la seconde est stable.

6°... Pour que la volonté inférieure soit forte, il faut — une pensée nette — un sentiment ou désir ardent — un physique bien alimenté de prâna pour l'exécuter : ces trois termes correspondent à la trinité « Savoir, Vouloir, Pouvoir » énoncée au début.

7°... Pour que la volonté supérieure soit forte, il faut — que le Super soit bien formé, et qu'il ait conquis la suprématie sur le Sub ; elle devient d'ailleurs d'autant plus puissante que le Super est plus développé, c'est-à-dire l'homme plus évolué.

8°... Dans le vouloir inférieur il est quatre stades : — 1° Conception, l'idée naît dans le mental — 2° Délibération, l'astral pèse le pour et le contre — 3° Résolution, qui résulte d'un accord entre l'astral et l'Ego — 4° Exécution, confiée au physique à la suite de la résolution.

9°... Ces quatre stades existent aussi dans le vouloir supérieur, le premier et le dernier sont les mêmes que pour l'inférieur, mais le troisième et le quatrième ne dépendent que de l'Ego, car l'astral n'est plus admis à donner son avis, le désir étant définitivement éliminé.

10°... Toutefois entre le vouloir franchement inférieur où le désir joue le rôle prépondérant, et le franchement supérieur où il a perdu toute influence, il y a une série d'intermédiaires, dans lesquels on voit progressivement l'Ego dominer le désir.

11°... En prenant ces deux volontés à leur point extrême, on peut dire que : l'inférieure, est troublée, agitée, tumultueuse, tantôt vague et indécise, tantôt précise et violente, capricieuse, — la supérieure au contraire est calme, uniforme, toujours la même dans les mêmes circonstances, donnant l'impression de la sagesse.

12°... La volonté inférieure est plutôt le fait de l'enfant, et la supérieure celui de l'âge mûr, cependant il est quelques enfants précoces qui présentent la seconde, et beaucoup d'adultes qui ne connaissent que la première ; la spiritualité seule épanouit la supérieure.

13°... En d'autres termes c'est plus l'âge de l'évolution qui détermine ces différences, que l'âge de chaque personne en particulier, car sa raison d'être principale est dans la suprématie du Super sur le Sub, ou si l'on veut de l'immatériel sur le matériel.

14°... Courage, Découragement, Témérité, Lâcheté, Espoir, Désespoir, Caractère, Bonne et mauvaise humeur, Autorité, Faiblesse, Décision, Indécision, Réaction, Résignation, Impulsion, Aboulie, etc.., sont des aspects divers du vouloir,... augmenté, diminué, perverti,... qu'on déduira aisément de leur simple énoncé.

15°... Il ne suffit pas de savoir pour vouloir, car il est des personnes qui ont beaucoup de science et dont la volonté est faible ; le vouloir dépend soit du désir, inférieurement, soit de l'Ego, supérieurement ; l'un ou l'autre élément est donc indispensable pour sa plénitude.

16°... Il ne suffit pas de vouloir pour pouvoir, si par exemple un enfant voit un hercule soulever aisément un poids de 100 kilos, il aura beau s'efforcer de l'imiter il n'y parviendra pas; le pouvoir est le résultat du temps, de la croissance et de l'évolution.

17°... Pour Savoir, Vouloir et Pouvoir qui sont les trois éléments indispensables à une volonté forte, il faut donc des conditions multiples qui se résument en un mental, astral, physique, développés par une évolution suffisante, et plus tard en un Ego qui arrive à dominer tout l'édifice matériel.

18°... Fruit de l'évolution, la volonté, réduite au désir pendant la passionnalité (déterminisme passionnel), se transforme petit à petit, grâce à la domination progressive de l'Ego, jusqu'à ce qu'elle arrive à son apogée pendant la spiritualité où elle se confond avec le libre arbitre (déterminisme spirituel X, 15).

XII

ÉVOLUISME

4°... Karma*, dont la signification littérale est action*, scientifiquement est mieux traduit par « activité » ; cette activité prend chez l'homme un triple aspect : pensée, sentiment, action ; Karma exprime à la fois la cause qui les détermine, et le résultat qui en est la conséquence.

5°... En d'autres termes le Karma, fruit de notre activité « pensée, sentiment, action », règle notre avenir ; car de cette activité même résulte notre progression, notre évolution... le tout sous la domination d'une loi inflexible, qui nous conduit infailliblement au but.

6°... Comment les choses se passent-elles, ou quel est le mécanisme de cette loi ? tel est le problème intéressant, en quelque sorte capital, qui domine toute notre vie, et dont nous devons nous efforcer de pénétrer le secret, si nous voulons régler notre activité en conformité avec elle.

7°... Notre activité résulte de la matière, animée par la force, et dirigée par notre conscience, notre Ego; nous sommes ici en présence de trois éléments qui constituent notre être, comme toute la nature, matière, force, conscience; leur jeu constitue l'évolution.

8°... Le but de la nature est d'arriver à donner à l'Égo un être matériel en conformité avec son essence, ou ses aspirations, autrement dit un serviteur fidèle, capable d'exécuter ses ordres; cet être matériel est le Super (Atma, Buddhi, Manas) qui se développe petit à petit par l'activité du Sub (Physique, Kama, Manas).

9°... Or toutes les fois que notre activité (pensée, sentiment, action) apporte en nous de bons matériaux, c'est-à-dire vibrant conformément à l'Égo, elle est bonne... c'est le bon Karma; toutes les fois au contraire que ces matériaux sont mauvais, c'est-à-dire vibrant contrairement à l'Égo, le Karma est de même nature.

10°... Le bon Karma produit le bonheur, autrement dit l'évolution normale, le mauvais au contraire conduit au malheur, car la douleur seule peut arriver à détruire en nous ces mauvais matériaux, qui encombrent notre personne et empêchent toute progression.

11°... Supposez que vous ayez à construire un palais, pour lequel vous avez de bons et mauvais matériaux à votre disposition; tant que vous construisez avec les bons, tout va bien, mais quand vous employez les mauvais, le surveillant vous fait démolir ce que vous avez fait,..... à recommencer : le palais ne sera réussi qu'à cette condition.

12°... Vous penserez que l'évolution est dans ces conditions chose assez simple, il suffit d'écarter les mauvais matériaux et de n'employer que les bons — c'est exact — mais la difficulté est de savoir reconnaître les bons et les mauvais, qui dans le cas actuel sont représentés par le bien et le mal.

13°... Parvenir à cette distinction doit justement être l'effort de l'intelligence, car dans ce discernement gît la clef du bonheur et du malheur ; le problème est simple en théorie, mais en pratique il devient terriblement difficile, car il demande un long apprentissage.

14°... Quand par ce long apprentissage, et grâce aux guides que nous rencontrons sur notre route, nous aurons appris à discerner le bien du mal, notre tâche ne sera pas achevée, car notre être matériel a pris de mauvaises habitudes dont il faut le débarrasser ; nous n'y arriverons que par le contrôle de l'action, du sentiment, et enfin de la pensée.

15°... D'autre part cet être matériel, outre les habitudes contractées, et dont il se défait difficilement, est encombré par les mauvais matériaux que notre ignorance y a depuis longtemps accumulés... il faudra une souffrance prolongée et beaucoup de courage, pour cette opération, qui nous conduira à la libération.

16°... Mais nous y arriverons, car à mesure que la lumière se fait en nous, le but approche, nous comprenons la cause de nos souffrances, leur remède, et nous voyons nettement qu'elles auront un terme prochain, après lequel la vie ne sera plus pour nous que félicité.

17°... Nous savons qu'avec Samsâra, la nature nous donne tout le temps nécessaire pour cette évolution, et que nous pouvons par conséquent agir sans hâte, sans précipitation, avec toute la réflexion nécessaire : nous arrivons ainsi à déterminer notre Dharma, c'est-à-dire la meilleure manière de conduire cette évolution.

18°... Tel est l'évoluisme, envisagé dans son ensemble sous son triple aspect : Samsâra, Dharma, Karma ; méditons-en soigneusement les détails, car notre bonheur en dépend ; méditons surtout la question du bien et du mal, qui à elle seule suffirait à tout éclairer pratiquement... le résultat sera la félicité à laquelle nous aspirons...

XIII

IDÉAL

1°... L'idéal est l'idée qu'on se propose d'atteindre, soit qu'on veuille la réaliser dans sa vie, soit la traduire par l'art, soit la mettre en évidence en un ouvrage quelconque pour la livrer au public ; elle doit en tout cas être une idée directrice ou modèle.

2°... L'idéal vise le beau, le bien et le vrai. — Dans le bien (morale, dévouement, sacrifice) il tâche de substituer l'altruisme à l'égoïsme (Karma). — Dans le beau il est l'expression que crée l'artiste d'après l'idée qu'il s'en fait (Bhakti). — Dans le vrai il s'efforce d'atteindre le définitif, l'immuable, (Jnana)...

3°... Ces trois idéaux ont une importance approximativement égale, car l'évolution a lieu par le beau, le bien et le vrai, qui s'étagent sur les plans physique, astral et mental ; ils conviennent à des tempéraments différents, et répondent aux besoins de l'humanité.

4°... Concret et abstrait sont ses deux aspects... Dans le premier, le modèle s'incarne en une personne qu'on se donne en exemple, et qu'on se propose d'imiter... Dans le second, l'idée existe seule, elle a séduit par ses qualités propres et l'homme a pour but de la faire sienne.

5°... Si nous comparons l'évolution à un monumental escalier dont nous devons monter les marches, de la première à la dernière, on peut dire que chacun des gradins que nous avons à gravir représente un idéal.

6°... L'idéal ne saurait donc être unique pour toute une évolution, et même pour toute une vie, car chaque marche en représente un, à moins que nous n'envisagions de suite le plus élevé, sinon il change aussitôt un gradin franchi.

7°... La Sagesse conseille de ne pas viser trop au-dessus de nous, mieux vaut avancer marche par marche, car si on veut en enjamber plusieurs à la fois, on commet une imprudence et on risque des chutes graves.

8°... Arrangeons-nous donc, en nous rendant un compte aussi exact que possible de ce que nous sommes, de manière à viser le but que nous croyons accessible... et quand nous l'aurons atteint, nous nous recueillerons pour nous en fixer un nouveau.

9°... Se proposer un but est chose relativement facile, mais la difficulté est d'arriver à régler sa vie pour l'atteindre, à cause de la résistance du Sub, de telle sorte qu'il faut un long exercice, un entraînement prolongé avant de réussir, avant de transformer l'idée en habitude.

10°... L'idéal varie beaucoup avec les personnes, les pays, et les époques ; il n'est pas à nier qu'actuellement l'argent ne soit celui qui fascine le plus ; « d'abord être riche..., on verra ensuite », et on pense que la fortune acquise, on se reposera satisfait.

11°... Chacun doit faire son expérience, et les conseils qu'on pourrait donner à cet égard ne serviraient pas à grand'chose ; la nature nous attire ainsi en diverses directions, et quand elle nous a promenés en tous sens, elle nous abandonne à nos réflexions, qui nous conduisent petit à petit dans la bonne voie.

12°... L'idéal est chose indispensable dans la vie, car il constitue l'effort que chacun de nous fait pour s'améliorer ; sans lui l'existence serait aussi terne et aussi inutile qu'un jour sans lumière.

13°... « Semper melius » toujours mieux, telle est sa formule, et dans sa réalisation on trouve le plus grand bonheur que puisse procurer la passionnalité, car on suit alors la voie naturelle... le Dharma.

14°... Lequel de nous en sa jeunesse n'a pas lu Don Quichotte* ? nous nous sommes divertis de la différence d'idéal qui le sépare de Sancho Pança ; or, la bonne voie consiste à s'éloigner du second pour se diriger vers le premier, sans imiter toutefois ses extravagances.

15°... Quichotte, dont nous éliminons ici le côté bouffon pour ne conserver que le chevaleresque, est l'expression de l'altruisme, de l'immatériel — tandis que Sancho représente l'égoïsme, le matériel ; en exagérant on arriverait à Dieu et à Satan.

16°... L'égoïsme nous dit : occupe-toi de toi-même pour vivre heureux et tranquille, laisse les autres se débrouiller comme ils peuvent. — L'altruisme répond : l'intérêt général doit passer avant le particulier, travaille pour les autres plus que pour toi-même.

17°... Sancho représente l'idéal inférieur, négatif, qui en réalité est indigne de ce nom, tandis que le vrai, positif, le seul qu'on puisse décorer de cette appellation, est celui de Quichotte ; il faut tendre vers ce dernier et l'évolution doit transformer Sancho en Quichotte.

18°... Concluons donc que l'idéal, pour être bon, doit imposer à l'homme un *sacrifice*, si petit qu'il soit, car s'il ne représente pas une victoire de l'altruisme sur l'égoïsme, il ne mérite pas cette dénomination et ne saurait avoir un rôle évolutif.

XIV

ÉDUCATION

1°... Au point de vue théorique, l'éducation*, comprise dans son sens le plus général, est l'adaptation progressive du matériel à l'immatériel, du non-Soi au Soi, de façon, qu'ennemis au début de l'évolution, ils arrivent finalement à une complète harmonie.

2°... Au point de vue pratique elle est pour chacun de nous le passage de la supra-conscience* dans la conscience, et de cette dernière dans la subconscience, la supraconscience nous dévoilant l'immatériel, et la conscience lui soumettant dans la subconscience notre élément matériel.

3°... Toute l'évolution, du début à la fin, consiste en cette soumission du matériel à l'immatériel ; quand le matériel arrive à l'unisson de l'immatériel, elle est achevée ; c'est vite formulé, mais il faut à la monade des millions d'années pour y parvenir.

4°... La supraconscience passe dans la conscience par la pensée, toujours accompagnée du sentiment, d'où dérive l'action, cette dernière par l'entraînement et l'habitude forme la subconscience ; un exemple nous aidera à le comprendre.

5°... L'idée de devenir doux pénètre un jour le mental d'un violent, — influence de la supraconscience sur la conscience ; il expérimente la douceur dans sa vie quotidienne, en prend l'habitude et après un certain temps se trouve transformé en un être doux, — influence de la conscience sur la subconscience.

6°... L'éducation, envisagée dans son sens le plus général, comprend trois branches :

a) physique......... (physique). élevage.......... santé.
b) morale............ (astral)..... moralisation.... caractère.
c) intellectuelle... (mental).... instruction...... science.

En médecine on dit plus volontiers « hygiène », qui embrasse également les trois variétés.

7°... La physique comprend trois points principaux : — 1° formation et entretien de notre être physique, dont l'ensemble constitue la santé. — 2° travail musculaire utile, qui doit représenter une tâche quotidienne. — 3° travail musculaire de délassement, jeu pour l'enfant, sport pour l'adulte.

8°... La morale, également trois points : — 1° personnelle, c'est-à-dire le développement de nos qualités, et la répression de nos défauts ; — 2° familiale, le rôle qu'homme et femme doivent remplir dans la famille ; — 3° sociale, de la famille s'élever à la société et même à l'humanité.

9°... L'intellectuelle, trois points comme les précédentes : — 1° science de la vie, savoir ce que nous sommes, d'où nous venons, où nous allons, représentée par la religion ; — 2° science professionnelle, car à tout homme une profession est nécessaire ; — 3° science (ou art) de distraction, pouvant aussi avoir un but utile.

10°... Actuellement, aux points de vue intellectuel et moral, il y a trois variétés principales d'éducation, qui la plupart du temps se mêlent en proportions diverses :

... la religieuse — qui fait les esprits mystiques.

... la scientifique — qui faits les esprits rationnels.

... la littéraire — qui fait les esprits sentimentaux.

11°... La religieuse, quand elle a une bonne base, la théosophie par exemple, est la plus solide, et celle qui assure le pélerinage vital dans les meilleures conditions, car sans elle l'homme n'a que des vues partielles sur sa destinée et marche en quelque sorte à l'aveuglette.

12°... La scientifique, qui part de l'observation des phénomènes, et qui a fait depuis un siècle surtout, des progrès considérables, nous apprend beaucoup de choses utiles sur les causes secondes, mais elle reste muette sur la cause première dont notre esprit est assoiffé.

13°... La littéraire, basée sur les auteurs anciens et modernes ; nous initie à tous les détails du sentiment ; elle serait bonne si elle était bien réglée, mais, sauf à l'école, elle est abandonnée au caprice de chacun, qui par plaisir ou curiosité va volontiers aux livres fantaisistes et immoraux.

14°... Il importe de considérer ici les points de vue objectif et subjectif ; objectivement, l'éducation religieuse est la meilleure, et elle arrivera d'ailleurs à englober les deux autres, mais subjectivement les trois sont actuellement nécessaires, car certains esprits sont plus volontiers accessibles à l'une ou à l'autre.

15°... Conservons donc actuellement les trois variétés, en les mélangeant et les combinant le plus possible ; prenons chaque être par son côté le plus influençable, montrons-lui ce qu'est la vie, remplissons son mental de ce qui peut le diriger sûrement, et petit à petit l'évoluisme nous conduira à l'éducation une, religieuse.

16°... En tout cas, quelle que soit la forme d'éducation adoptée, il importe de ne pas perdre de vue qu'il ne suffit pas de remplir l'esprit de connaissances variées, mais qu'il faut surtout le plier à la discipline qui fait de chacun de nous « *un caractère* ».

17°... Nombre d'adolescents sont aujourd'hui de véritables puits de science, petits dictionnaires vivants qui étonnent par leur savoir, mais leur esprit n'est qu'un chaos tout à fait impropre à les diriger dans les difficultés de la vie.

18°... On reconnaitra qu'une éducation a été bonne, quand l'homme ou la femme qu'elle a formé sait tenir une place honorable dans la société, et s'acquitter avec tact et habileté des devoirs qui lui incombent ;... qu'on la règle dans cette perspective !...

XV

RELIGION

1°... L'homme, comme toute la nature, est un composé de matériel et d'immatériel, de non-Soi et de Soi... or, entre les deux il existe un trait d'union qui s'appelle religion*, (de religare, relier), et qui fait en quelque sorte partie de l'essence mondiale, dont l'humaine est un fragment.

2°... La religion est encore définie : le trait d'union entre Dieu et l'homme, mais cette définition est moins scientifique, moins synthétique, moins simple, que la précédente, car dans l'esprit de ceux qui l'adoptent, Dieu et l'homme deviennent des être complexes, et la question s'enchevêtre.

3°... On objectera peut-être que la religion est propre à l'homme et ne saurait s'appliquer à d'autres êtres. — Le mot, oui, est humain et fait partie de notre langage, mais le trait d'union existe dans tous les règnes, et par conséquent ne doit pas être spécialisé à l'humanité.

4°... En d'autres termes il existe dans toute la nature ou dans tous les êtres, un lien entre le matériel et l'immatériel, qui dans le règne humain prend le nom de religion, mais ce lien, quel que soit le nom qu'on lui donne existe partout ; quand il se brise, la vie cesse.

5°... A l'égard de cette définition il est intéressant d'étudier dans l'homme l'évolution de l'idée religieuse qui nous la montrera allant du composé au simple, c'est-à-dire aboutissant au lien qui existe entre le matériel et l'immatériel.

6°... Le primitif fait de Dieu une idole plus ou moins grossière, un autre lui-même qu'il adore, un géant caché dans les nuages dont émanent la pluie et le beau temps, et qu'il implore afin d'obtenir les biens terrestres destinés à satisfaire son égoïsme.

7°... Puis l'idée de Dieu s'élève petit à petit, se dématérialise ; elle devient celle d'une puissance incompréhensible, mais réelle, qui fait marcher toute la nature et à laquelle nous devons un culte ; c'est à peu près l'étape représentée par le christianisme actuellement.

8°... Un pas de plus et l'homme finit par admettre que ce Dieu, qu'il croyait extérieur par rapport à lui, est une de ses parties constituantes, car son âme est un fragment de ce Dieu même, de telle sorte qu'il passe au rang d'une divinité.

9°... A ce degré qui est vraisemblablement l'ultime, l'homme voit dans la nature deux aspects : le matériel et l'immatériel, qui sont réunis en lui, et il comprend que le lien qui les relie... sa religion,... n'est plus extérieur, mais intérieur, se faisant au dedans de lui-même.

10°... Il remplace alors le culte extérieur, qui n'a plus raison d'être, par un culte intérieur ; les églises, les temples, qu'il a si longtemps fréquentés et qu'il a édifiés avec tant de peine, en faisant des monuments splendides, ne lui disent plus rien au point de vue religieux.

11°... Il se retire en lui-même, étant arrivé à cette conclusion que le seul vrai temple de Dieu est son Causal, son Super, et que tout son culte doit consister à plier son être à la volonté de ce pouvoir intérieur, de cet Ego, qui est à la fois vérité, puissance, bonheur.

12°... A ce terme, la religion, la seule qui existe pour lui, est donc bien le lien entre le matériel et l'immatériel qui composent son être ; son idéal se précise, et devient celui d'édifier à cet immatériel un piédestal composé de son matériel.

13°... Dégager son Ego de la matière, lui ouvrir sa prison, l'amener à la lumière, assurer son triomphe, sa suprématie, devient sa préoccupation constante ; il ne veut pas briser le lien qu'il voit encore nécessaire,... mais l'assouplir, de manière à ce qu'il assure la liberté à laquelle il aspire.

14°... Telle est l'évolution de l'idée religieuse à travers les diverses étapes de l'homme ; quand cette victoire de l'immatériel sur le matériel est complète, le stade humain s'achève et le surhumain commence, où une matière beaucoup plus subtile ne créera plus les obstacles passés.

15°... L'homme, a-t-on dit, est un animal intelligent, mais avant tout essentiellement religieux. — Comment pourrait-il en être autrement d'après les considérations qui précèdent ? — momentanément il peut perdre la notion de l'immatériel, mais forcément la nature l'y ramènera.

16°... Il a Dieu, non pas spécialement dans son sang, ou ses veines, puisqu'il est immatériel, mais partout en lui-même, et à moins de se nier lui-même il faut bien qu'il arrive à le reconnaître, d'où la religion vers laquelle il est toujours amené, et qui existe plus ou moins chez tous les peuples.

17°... Aussi ceux qui veulent détruire la religion dans l'humanité, qui la considèrent comme une idée surannée, maladive, sont-ils dans l'erreur la plus complète... autant vaudrait priver l'homme de l'air qu'il respire... Tuer la religion, c'est tuer l'humanité !... Ne la tuez pas, évoluez-la !...

18°... L'éducation étudiée au chapitre précédent trouve en elle sa meilleure base ; les âges primitifs avaient établi cette corrélation que quelques modernes voudraient détruire, mais quoi qu'on fasse, on reviendra à elle, car les âges futurs doivent nous ramener aux principes des anciens, qui étaient ceux des intelligences divines.

XVI

FAMILLE

1°... Pour poser nettement la question de la reproduction humaine, base de la société, qui a été résolue par la création de la famille, il faut bien comprendre le rôle respectif de l'homme et de la femme qui s'unissent dans ce but.

2°... Le plaisir et l'attirance qu'ils éprouvent, l'un et l'autre dans l'acte sexuel est de nature différente, et entraîne par là même des conséquences dissemblables, de même que dans les résultats de cette union ; nous envisageons la généralité, car les exceptions sont nombreuses.

3°... L'homme est essentiellement actif dans cet acte, poussé par un désir impérieux, souvent violent, il prend la femme, avec moins d'ardeur que le mâle dans la plupart des espèces animales, mais cependant s'en approche quelquefois, d'autant plus qu'il est moins évolué.

4°... La femme est plutôt passive, elle se laisse faire, car le besoin qu'elle éprouve est beaucoup plus vague, plus sentimental ; elle cède plutôt par amour, pour être agréable à celui qu'elle aime, comprenant qu'elle est dans son rôle ; elle donne, alors que l'homme prend.

5°... De cette union résulte en général la procréation d'un enfant, que la femme porte en son sein, qu'elle mettra au monde, et qu'elle devra nourrir, élever ; ses liens avec cet enfant sont donc beaucoup plus étroits que ceux du père.

6°... Dans l'union légale, assurée par le mariage, les charges de ce nouvel être incombent également à l'époux et à l'épouse ; ils se partagent ces charges en proportions variables suivant leur tempérament, leur santé, leur dévouement et leur sentiment.

7°... En dehors du mariage, quand en un mot l'enfant est naturel, les obligations imposées au père, alors qu'il est reconnu, varient avec les législations, et aussi avec la moralité de ce générateur, qui accepte plus ou moins la responsabilité de son acte.

8°... Mais que l'union soit légale ou non, au point de vue de la nature, l'homme plus que la femme doit avoir la charge de l'enfant, car étant des deux le plus actif, celui en quelque sorte qui a provoqué la génération, sa responsabilité est proportionnée à la volonté qu'il y a mise.

9°... Quand l'union sexuelle n'est pas suivie de conception, il semble au premier abord que les conséquences morales de cet acte doivent être nulles, et que l'homme reprend la liberté, aussi bien que la femme, sans aucune dette de part et d'autre.

10°... En réalité il n'en est rien, et toute femme qui s'est donnée à un homme considère que celui-ci a contracté envers elle une dette que rien ne saurait effacer, même si l'acte a été unique, à plus forte raison alors qu'il s'est répété pendant un certain temps.

11° La Société, quand elle est civilisée, donne en général raison à la femme sur ce point, au moins lorsque sa moralité, si elle n'est pas parfaite, est suffisante pour imposer un certain respect, car si la question de lucre entre en jeu les conditions changent.

12°... En pareille matière il n'y a qu'à adopter l'opinion publique, qui est conforme à tout ce qui précède, voyant dans l'homme surtout un entraîneur, qui doit porter la responsabilité de ses actes, même quand sa passion l'aveugle.

13°... La loi, et encore plus le sentiment doublé de l'habitude, protègent l'enfant et assurent son existence, tant qu'il n'est pas assez fort pour subvenir lui-même à ses besoins ; l'enfant à son tour doit aider ses parents dans leur vieillesse et leur infirmité.

14°... Malheureusement sur ce dernier point, tout dépend de la moralité des engendrés, car s'il en est d'exemplaires, d'autres au contraire sont cruels pour leurs générateurs et ne rêvent qu'à les dépouiller dans la mesure du possible.

15°... Certains enfants disent à leurs parents : puisque vous nous avez donné le jour, alors que nous ne demandions pas à naître, arrangez-vous pour assurer notre existence, vous ne pouvez pas faire moins pour nous.

16°... A cela les parents doivent répondre théosophiquement : vous existez de toute éternité, nous avons créé le corps dont votre âme avait besoin pour continuer son évolution ; notre devoir est fini du jour où vous pouvez vivre par vous-mêmes.

17°... Non seulement nous ne vous devons plus rien à partir de ce jour-là, mais c'est vous qui, devenus grands et valides grâce à nous, avez à payer une dette de reconnaissance en nous aidant dans nos vieux jours de même que nous le faisons envers nos propres parents.

18°... De la sorte les notions théosophiques résolvent nettement les rapports qui doivent exister entre les parents et les enfants et ne les abandonnent pas au caprice des conceptions fantaisistes, qui ne tendent à rien moins qu'à détruire la famille.

XVII

NATION

1°... L'homme est fait pour vivre en société, la légende de Robinson Crusoé * nous l'a appris dans notre jeunesse ; cette société commence par la famille qui constitue le groupement essentiel le plus simple, grandit en élargissant les liens de la parenté et aboutit à la formation de la Nation.

2°... Une nation est une agglomération plus ou moins nombreuse de familles, sous un même gouvernement ; pour qu'elle soit unie et harmonieuse, il faut qu'il y ait communauté de langue et de religion, ce qui n'existe pas toujours.

3°... Bien que l'homme soit fait pour vivre en société, il est, au moins au début, essentiellement égoïste ; mais la nécessité de la vie sociale s'impose justement pour lui apprendre l'altruisme, qui est le but de son évolution.

4°... Les sociétés peuvent s'organiser de deux façons : 1°... par l'individualisme où chacun travaille de son côté, et fait vivre l'ensemble, grâce aux échanges de la production ; 2°... par le collectivisme, où le travail est commun, et les produits ensuite répartis entre les divers membres.

5°... Ces deux théories ont une base vraie, mais l'individualisme qui repose sur l'égoïsme a été jusqu'à présent la seule applicable, le collectivisme, pour réussir, nécessiterait l'altruisme et ne deviendra possible qu'avec une société spirituelle, où l'égoïsme aura disparu.

6°... La société est à la fois l'école de la pensée, du sentiment et de l'action ; sans elle, sans le groupement en nation, l'homme vivrait sans aucune expérience des idées qu'il conçoit, et sans pouvoir se former de jugement.

7°... Il importe que dans ce groupement il y ait des individus d'évolution différente ; les plus avancés guidant et donnant l'exemple — les moyens formant le gros de la nation et se polissant petit à petit — les retardataires, souvent criminels, devant apprendre à suivre l'exemple de leurs supérieurs.

8°... Tous les êtres, du minéral le plus grossier au surhumain le plus divinisé, sont, quant à la conscience, de la même substance — non seulement frères, mais un. — Par la matière ils diffèrent profondément les uns des autres, et cette différence doit être la base d'une hiérarchie sévère.

9°... Il importe que tout être en état de comprendre, — ce qui commence avec les animaux supérieurs, — se rende bien compte de cette hiérarchie, qui lui servira de guide dans la vie. — Une aspiration constante vers les plus élevés que soi, doit être le souffle qui anime une société.

10°... Être bon pour ses inférieurs, se dévouer pour eux, se sacrifier même si on est arrivé à un degré élevé, sera la règle de tout homme voisin de la spiritualité ; — mais si on tend la main à un criminel, il faut qu'il comprenne bien qu'on n'approuve pas son crime... imposons le respect des distances.

11°... Le degré d'évolution crée entre les hommes des différences qu'un psychologue sait nettement apprécier, et qui sont la base même de la hiérarchie à établir ; vouloir détruire cette loi évoluiste, ainsi que le prétendent quelques utopistes, est un leurre.

12°... Toute nation, ainsi que nous le verrons à propos de l'humanité (XVIII), a sa caractéristique, sa dominante, qui lui imprime un cachet spécial, et toute âme en s'y incarnant y trouve les éléments propices à son développement.

13°... Chaque individu dans une famille, chaque famille dans une nation, chaque nation dans l'humanité, ont une tendance spéciale, un tempérament ou ligne d'évolution, ce qui assure la diversité dans l'unité et permet le progrès.

14°... Toute nation doit donc développer son génie propre, et ne pas jalouser ou vouloir imiter celui du voisin ; il en est des nations comme des organes de notre corps, chacun a un rôle déterminé, dans lequel il doit se cantonner.

15°... Dans cette société où chacun cherche à réaliser ses désirs et à trouver le bonheur, existent des droits et des devoirs ; les devoirs étant l'impôt que la communauté exige pour subsister, et les droits, le revenu en quelque sorte de ces devoirs.

16°... Droits et devoirs autrefois étaient mal délimités, abandonnés au caprice des dirigeants, aujourd'hui dans les nations civilisées l'ordre s'est établi, la guerre individuelle ou civile se fait rare ; tribunaux et police, c'est-à-dire droit soutenu par la force, y règnent avec autorité et efficacité.

17°... Le droit n'est autre chose que la manifestation de la conscience qui prend petit à petit la domination sur les passions ; la nation évolue comme l'individu : de même qu'en lui l'Ego arrive progressivement à la prééminence, de même dans la nation le droit finit par régner en maître.

18°... Cette progression, loi de l'évoluisme, qui à travers l'évolution asservit petit à petit le matériel à l'immatériel, existe chez l'homme, dans la famille, dans la nation, et tout à l'heure nous allons la retrouver dans l'humanité... loi universelle régissant toute vie !

XVIII

HUMANITÉ

1°... L'humanité représente l'ensemble des nations, petites ou grandes, qui couvrent notre planète,.. celles-ci anciennes, celles-là récentes, les autres intermédiaires ; toutefois les plus anciennes ne sont pas les plus évoluées ou réciproquement.

2°... Sans vouloir faire ici l'histoire des races* humaines, laissant aussi de côté les groupements de moindre importance, nous retiendrons les principaux, qu'on peut appeler les « grandes âmes » de l'humanité actuelle, et qui sont au nombre de sept.

3°... *a*) L'âme noire, la plus ancienne, troisième race humaine, en réalité la première, car les deux précédentes n'ont été que des races d'essai, comprend tous les nègres, dont l'Afrique est le centre principal, — âme enfantine, qui se contente de satisfaire les besoins du corps, sans demander davantage à la vie.

4°... *b*) L'âme jaune, quatrième race, qui leur est postérieure, peuplant Chine et Japon, présente déjà un progrès notable sur la précédente, car elle ouvre l'ère du sentiment, qui toutefois chez elle reste fruste, égoïste, et empreint de dureté.

5°... *c*) L'âme blanche, aryenne, cinquième race, mère des sous-races actuelles de l'Europe, s'est formée à l'ombre des hauts sommets de l'Himalaya, et a amené l'épanouissement du sentiment, dans ce qu'il a de plus tendre et élevé ; d'elle dérivent les âmes slave, latine, allemande, anglaise.

6°... *d*) L'âme slave, dont le cœur est en Russie, mais dont certains fragments sont éparpillés dans les pays voisins est essentiellement mystique, mysticisme tantôt franchement religieux, tantôt se traduisant par des aspirations vagues vers un idéal immatériel.

7°... e) L'âme latine (France, Italie, Espagne, Sud-Amérique) a été mystique autrefois ; foncièrement artiste — elle a, dans son mysticisme, élevé les plus beaux monuments religieux ; aujourd'hui elle se plaît surtout dans le culte de la forme... du beau... sous ses manifestations diverses.

8°... f) L'âme allemande aspire avant tout à la conquête de la matière ; ambition, richesse, pouvoir, la fascinent ; elle veut le monde, un commerce qui embrasse l'univers, l'empire des mers ; inspirer la crainte, la terreur, est son grand bonheur.

9°... g) L'âme anglaise, qui du Royaume-Uni s'étend aux États-Unis d'Amérique, et un peu à tout son vaste empire colonial, comme l'allemande est commerciale et dominatrice, mais avec un respect de la liberté et de la propriété des peuples qui ne connaît pas cette dernière.

10°... Après la cinquième doivent venir encore deux grandes races : — la sixième qui sera essentiellement intellectuelle avec un début de spiritualité... de même que la précédente a été sentimentale avec un début d'intellectualité ; — enfin la septième et dernière qui sera la spiritualité même, couronnement de l'humanité.

11°... Résumant ce qui précède, disons donc :

3e race... âme noire...... État primitif.
4e — ... âme jaune...... Début du sentiment.
5e — ... âme blanche... Sentimentalité.
6e — ... à venir...... Intellectualité.
7e — ... à venir...... Spiritualité.

De la cinquième race, âme blanche, dérivent les âmes slave, latine, allemande, anglaise, qui sont ses filles.

12°... Les grandes âmes humaines, notamment les quatre filles de l'âme blanche viennent récemment (1914) de traverser une terrible crise, guerre amenée par l'ambition démesurée de l'une d'elles, le plus grand conflit dont la terre ait été jusqu'à présent le théâtre.

13°... Nous touchons néanmoins à l'époque où l'harmonie doit commencer à régner entre-elles, car l'évolution de la guerre par le fait même de son développement prodigieux, doit en amener la cessation et être remplacée par l'harmonisation générale.

14°... Comment se fera cette harmonisation ? par le progrès même des idées qui gouvernent l'humanité, chacun arrivant à reconnaître qu'il a un rôle différent de celui du voisin, qu'il peut remplir sa tâche sans lui nuire, et sans l'attaquer ; de cette idée dérivera le droit international.

15°... De même que dans les nations civilisées il s'est établi un *droit national*, soutenu par une police qui le fait respecter, de même pour l'humanité il se formera un *droit international*, déjà en voie d'élaboration, et que les peuples défendront en s'armant dans la mesure nécessaire, car *le droit doit être secondé par la force*, pour être efficace.

16°... Sous la protection de ce droit international, grâce à l'établissement progressif ; — 1° d'une langue commune, — 2° d'une religion universelle, — 3° d'un gouvernement unique... les nations se fusionneront petit à petit, de même que les petits peuples d'autrefois se sont fusionnés en grandes nations.

17°... Les différences s'effaceront progressivement... les âmes s'interpénétreront... le cosmopolitisme* remplacera le nationalisme* et cette transformation sera favorisée par la marche de l'humanité vers la spiritualité... car spiritualité et unité sont synonymes...

18°... Ainsi, suivant les principes énoncés dans cet ouvrage,... s'achèvera glorieusement l'évolution de l'humanité actuelle, comme de toutes celles qui ont existé au cours des âges sur diverses planètes, arrivant ainsi à l'harmonie, au bonheur... et enfin à l'unité en elle-même... et avec Dieu !

VOCABULAIRE

10

VOCABULAIRE [1]

(*A consulter par le lecteur pour tous les mots, qui, dans le cours du livre, ne lui sont pas familiers, ou qui nécessitent une explication*).
(*Chiffres romains : Chapitres. Chiffres arabes : Versets*).

Action. — VI-1. XII-4. — L'action, ainsi que le dit le verset 1. VI, est l'activité du corps physique. — L'activité embrasse la vie de tout notre être : pensée, sentiment, action. — Toutefois il y a aussi une action au niveau du Super, qui n'est pas localisée à un corps spécial comme dans le Sub, et qui se traduit surtout par des courants de force, dirigés par nos corps supérieurs ; il n'en sera pas question dans cet ouvrage, car ce genre d'action n'appartient pas à la passionnalité, mais à la spiritualité, et constitue un domaine tout à fait spécial aux êtres très évolués, aux christs, qui en font usage pour leurs interventions ou cures dites miraculeuses.

Ame. — Ame, terme assez imprécis en occident, car il est employé sans connaissance exacte de notre constitution occulte, est dans tout cet ouvrage employé comme synonyme d'Ego *, de Monade *.

1. Les étoiles ou astériques, qui, dans le texte, sont accolées à certains mots, indiquent de le chercher au vocabulaire.

Bien. — VII. — Ainsi que l'explique le chapitre VII, bien et altruisme sont synonymes, toutefois il y a une exception à cette loi au début de l'évolution humaine, où l'égoïsme devient un bien car il est nécessaire à la formation de la personnalité. Mais cette exception ne vise pas le lecteur que je suppose sorti de cette période.

Bonheur. — VIII-1. — Le lecteur désireux de compléter l'étude du bonheur en trouvera les éléments en mes livres : *Vie*, chapitre XIV. — *Nada*. — *Aum*, chapitre XVIII. — *Évoluisme* — et *Bonheur*, ce dernier étant complètement consacré à cette question.

Brahman. — II-3. — Dieu des Indous, réalité absolue infinie éternelle, cause première de l'univers, qui résume en lui tout ce qui est (voir : Schultz, *Philosophie indoue*, 2e éd., p. 24).

Il présente deux aspects :

Nirguna * Brahman....... son aspect repos.

Saguna * Brahman....... son aspect activité.

Saguna Bragman, synonyme d'Ishvara (mot sanscrit) et de Logos (mot grec) représente le Dieu directeur d'un système ; il y en a donc autant que de systèmes ; le nôtre est souvent appelé le Logos Solaire, notre système étant dit solaire, ce qui d'ailleurs ne saurait le distinguer des autres, car tous le sont (la plupart des étoiles étant des soleils), mais nous accaparons ce mot *Solaire* pour nous.

Cosmopolitisme. — XVIII-17. — Dont la traduction est « citoyen du monde » est actuellement employé en assez mauvaise part. Ce terme s'adresse à ceux qui veulent bannir le sentiment de la patrie, comme inférieur et suranné. — On désigne encore sous le nom de cosmopolites, des personnes, en général fortunées, qui pour se soustraire aux devoirs d'une patrie, en adoptent plusieurs qu'elles habitent tour à tour, suivant les avantages du moment qu'elles y trouvent, se prétendant citoyens de tel ou tel pays suivant la nécessité de leur égoïsme. — Ce cosmopolitisme, que permet l'organisation actuelle de l'humanité, disparaîtra avec son unification, qui opérée, fera que tous les hommes, riches ou pauvres, seront également citoyens du monde, le mot cosmopolitisme sera alors élevé à la place d'honneur qu'il mérite.

Dharma. — Voir : Samsara.

Don Quichotte. — XII-14 à 17. — Roman espagnol (1604-1614) de Miguel de Cervantés Saavedra. Le côté philosophique de ce roman réside dans l'opposition du chevalier Don Quichotte, et de son écuyer Sancho Pança, le premier un peu fou ne rêvant qu'à se sacrifier pour délivrer les opprimés et faire triompher la justice, le second éminemment pratique ne visant qu'à mener une bonne vie paysanne et égoïste.

Pour bien comprendre ce côté philosophique il faut lire la traduction intégrale de l'ouvrage, où les dialogues entre le chevalier et l'écuyer sont transcrits tout au long. — Nombre d'éditions destinées simplement à amuser les enfants ne contiennent guère que les aventures, d'ailleurs très abrégées, et ne sont souvent qu'un prétexte à gravures ; le lecteur, qui cherche le côté philosophique, devra donc s'assurer qu'il a entre les mains une édition complète.

Education. — XIV. — Pour plus amples renseignements voir mes livres : *Evoluisme*, p. 271-362, et *Santé*, chapitre II.

Ego. — Unité de conscience incarnée en chacun de nous — la Monade * — l'Ego, qu'en Occident on appelle volontiers *Ame*, est essentiellement immatériel, mais dans la Nature il est toujours enveloppé de matière invisible, que quelques auteurs englobent dans cette dénomination. — Dans tout cet ouvrage, comme dans tous ceux que j'ai écrits, sauf la première édition de l'*Evoluisme*, Ego est toujours considéré comme entité immatérielle, et séparé de toute espèce de matière ; préciser ce point est indispensable pour l'intelligence du texte.

Eléments. — I-2. II-2.-3. — Les trois éléments primordiaux de l'univers sont : conscience, force, matière, (voir mon livre, *Vie*).

Quand ces trois éléments se réunissent ils forment Saguna-Brahman, quand ils se séparent ils deviennent Nirguna-Brahman.

La théosophie les groupe en deux :

1° L'immatériel, le Soi, la vie — comprenant conscience et force ; 2° le matériel, le non-Soi, la forme — comprenant la matière.

Evoluisme. — I-16. XII. — Grande loi qui dirige l'évolution, dont Samsara * Dharma * Karma * sont les branches, et qu'on trouvera complètement exposée dans notre livre Evoluisme.

Forme et Vie. — VII-2. — La science indoue emploie communément ces deux termes pour indiquer le non-Soi ou matière, et le Soi de nature immatérielle. — Nous préférons les termes « matériel et immatériel » pour les raisons suivantes : il est vrai que forme est en général synonyme de matière, mais il y a aussi la matière arupa (sans forme) qui n'a aucune raison d'être exclue de ce domaine, donc le mot matériel vaut mieux que le mot forme comme étant plus générique. — Vie appliqué au Soi n'est pas tout à fait exact, car le Soi n'est pas la vie, mais ce qui la donne ; la vie n'existe pas sans l'union de l'immatériel et du matériel ; elle est le mariage des deux et quand les conjoints se séparent, elle cesse. — Pour ces raisons nous préférons les deux termes matériel et immatériel, à ceux de forme et vie, et en adoptons l'usage.

Gita(Bhagavad Gita). — Voir la traduction Auvard-Schultz, ou la paire des contraires, signalée ici V. 14 est l'objet de remarques fréquentes, car elle représente dans le monde manifesté, le bien et le mal, les deux pôles qui dérivent de l'unique non manifesté, alors qu'il se manifeste.

Immatériel. — I-3. — Comprenant conscience et force, opposé à matériel. — Voir : Eléments.

Ishvara. — II-5. — Voir : Brahman.

Karma. — III-1.13. VIII. 2-3. X. XII-4. — Karma... est un mot sanscrit, qui signifie action, et qui en théosophie a deux applications principales : 1° Karma : Marga-Yoga, qui est la voie de l'action ; 2° Karma... loi de justice réglant notre destinée, donc il devient ainsi synonyme. — C'est dans ce second sens qu'il est employé en divers chapitres (VIII-X) de cet ouvrage, et expliqué au chapitre XII. — Voir : Samsara.

Logos. — II-5. — Voir : Brahman.

Malheur. — VIII-5. — La question malheur et douleur, envisagée ici à un point de vue spécial, a été étudiée sous divers aspects en plusieurs de nos publications, notamment en *Vie*, chapitre XV. — *Santé*. — *Bonheur*. — *Spiritualité*, chapitre XII. — *Maladie*. — *Évoluisme*. — *Nada*. — Je donne ces indications au lecteur qui désirerait faire un examen plus complet de la question.

Matériel. — Comprenant la matière et opposé à immatériel. — Voir : Éléments.

Monade. — VII-11. IX-1. — Par monade la théosophie entend le Soi ou immatériel individualisé en un être. — A la formation d'un Univers le Soi morcèle une partie de lui-même en un nombre infini de fragments, dont chacun est une monade, qui doit parcourir tout le cycle de l'évolution. — La monade partie de Dieu revient à lui après tout son cycle. — La monade a pour synonyme : Ego... Moi... Soi individualisé... Jiva... Jivatma... Ame... Vie (opposé à forme). — Le Mind des Christian scientists. — L'esprit des spiritualistes. — Le Purusha du Sankhya.

Nationalisme. — XVIII-17. — Signifie ici le fractionnement de l'humanité en nation, formant autant d'entités distinctes, vivant séparées les unes des autres — séparation qui s'effacera par la suite, conduisant à l'unité, au Cosmopolitisme.

Le mot internationalisme, actuellement usité pour désigner l'effort fait pour unir les nations, et effacer les barrières qui les séparent, n'aura plus de raison d'être quand ces barrières seront tombées et fera place à celui de Cosmopolitisme.

Orthographe. — Pour les mots sanscrits l'orthographe adoptée est celle du dictionnaire Powis Hoult, et pour leur genre nous nous sommes conformés aux règles énoncées dans notre traduction de la Bhagavad Gita.

Nirguna. — II-3. — Mot sanscrit, qui signifie sans attribut, et qui appliqué à Brahman indique son aspect repos ; nous l'employons souvent isolé, sous-entendant Brahman. Voir : Éléments.

Papillon. — V-1. — Le conte du papillon, qui a inspiré les premiers versets du chapitre V. est d'A Maquet. *Annales politiques et littéraires*, 1883, t. I, p. 56.

Passionnalité. — I-8.9.. — Dérivé de passion, désir ou sentiment violent, est le terme que nous avons choisi, en opposition avec Spiritualité pour désigner toute cette partie de l'évolution humaine qui s'étend du début jusqu'à la spiritualité, et qui est régie par le désir, alors que cette dernière l'est par la conscience. — Il y a ainsi dans l'évolution deux étapes :

— celle du désir.......... (9/10) Passionnalité
— celle de la conscience (1/10) Spiritualité

la première est environ neuf fois plus longue que la seconde, qui est très courte. L'homme à cette étape s'appelle le Passionnel, de même que Spirituel à la suivante.

Nous avons préféré ce terme à celui de « sentimentalité*, » car il correspond mieux au mot désir, dont la passion n'est que le superlatif, et parce que dans le langage courant sentimental n'implique pas seulement ce qui a trait au sentiment, mais indique une sensibilité exagérée, un peu romanesque ; toutefois nous avons conservé le mot sentimentalité pour indiquer la phase intermédiaire entre l'état primitif de l'homme et l'intellectualité.

En d'autres termes, le mot sentimentalité est le mot qui répond le mieux au règne du sentiment simple (parfois morbide) et passionnalité au règne du désir à tous ses degrés ; c'est dans ce sens que nous les avons adoptés.

Passionnel. — Terme servant à désigner tout ce qui se rapporte à la passion ou au désir, qui est son diminutif ; l'étape passionnelle n'est autre que la Passionnalité* ; le passionnel est l'homme qui franchit cette étape ; tous les hommes sont donc passionnels, jusqu'à ce qu'ils arrivent à la Spiritualité, où ils sont appelés Spirituels.

Races humaines. — XVIII-2. — Les races humaines, d'après la théosophie, sont au nombre de cinq, laissant de côté les deux premières, qui n'ont été que des races de formation :

La troisième est la Lémurienne, ou nègre, dont l'origine remonte environ à six millions d'années.

La quatrième est l'Atlante ou jaune (et rouge), datant environ de quatre millions d'années.

La cinquième est l'Aryenne ou blanche qui, il y a quatre-vingt mille ans, est née vers le centre de l'Asie, se continuant actuellement avec le peuple de l'Inde, et dont toutes les nations européennes et américaines dérivent à notre époque.

Il doit y avoir encore deux grandes races, qui finiront l'évolution humaine actuelle, portant le chiffre total des races au nombre de sept.

Les sept grandes âmes que nous décrivons au chapitre XVIII, comprennent les trois grandes races qui viennent d'être mentionnées, plus quatre sous-races dérivées de l'Aryenne.

Religion. — XV. — Est ici envisagée à un point de vue métaphysique ; le lecteur désireux d'une étude complète sur ce sujet la trouvera dans notre livre *Aum* qui, lui est entièrement consacré ; ce sujet est aussi partiellement traité dans nos diverses publications, notamment : *Évoluisme*, *Ésotérisme*, *Aurore nouvelle*. — L'évolution de l'idée religieuse pour un individu (verset 5 à 8) diffère de l'évolution des religions qui est une idée collective (voir à cet égard — *Aurore nouvelle*, chapitre Religion).

Robinson Crusoé. — XVII-I. — Robinson Crusoé de Daniel de Foë (1719) qu'il ne faut pas confondre avec le Robinson Suisse, est une légende inspirée dit-on par l'histoire réelle d'un marin écossais — Robinson à la suite d'un naufrage est jeté sur une île déserte à l'entrée de l'Orénoque ; il y vit seul pendant vingt-huit ans, trouvant en son intelligence le moyen de subvenir à l'indispensable de l'existence ; des marins abordent enfin dans l'île et le rapatrient. — Le principal intérêt de cet ouvrage au point de vue philosophique, est de mettre en lumière les difficultés que la solitude crée à l'homme.

Saguna. — II-13. — Mot sanscrit, qui signifie, avec attributs, et qui appliqué à Brahmân indique son aspect activité ; nous l'employons souvent isolé, sous entendant Brahman. — voir : Éléments.

Samsara. — III-13. — Mot sanscrit signifiant « roue des naissances et des morts », qui avec Dharma (sanscrit) devoir, et Karma (sanscrit) activité, forme les trois lois ou la triloi gouvernant la nature.

Sentiment. — Dépendance du corps astral, le sentiment est toute impression en nous d'amour ou de haine.

Trois degrés :

1° Sentiment simple ;

2° Désir — Sentiment impératif ;

3° Passion — ou désir violent.

Sentimentalité. — Nom générique donné à la période où domine le sentiment, et qui s'étend de l'état pri-

mitif de l'homme à l'intellectualité ; l'ensemble de ces trois périodes constitue la Passionnalité. Cette sentimentalité peut prendre un aspect morbide, quand elle est exagérée et reflète une sensibilité maladive. (Voir : *Passionnalité*).

Ci-joint le tableau des étapes et sous étapes de l'évolution humaine, d'après notre livre *Aum.* IX, 2.

Passionnalité.

Besoin...... (Primitif)...... Domination du corps physique.
Sentiment.. (Sentimentalité). Domination du corps astral.
Pensée...... (Intellectualité). Domination du corps mental.

Spiritualité.... Domination du Buddhi-atma.

Soi. — III-2. — Synonyme d'immatériel* — voir : *Eléments.* — le Soi universel qu'on écrit en général avec une capitale englobe tout l'immatériel répandu dans l'univers — le soi individuel, qu'on écrit sans capitale, pour le distinguer du précédent, est la Monade, l'Ego, c'est-à-dire, un fragment du Soi, individualisé dans l'homme. La théosophie distingue encore dans l'homme les soi (*s* ordinaire) supérieur et inférieur, qui ne sont autres que l'Ego fonctionnant dans l'être supérieur et inférieur, ce que nous désignons par Super* et Sub*.

Spiritualité. — I-8. — Voir : *Passionnalité.*

Sub-Super. — I-1. — Dénominations latines, qui signifient sous et sur, et qui sont d'un usage commode pour désigner les êtres inférieur et supérieur, en l'homme.

Subconscience. — Voir *Supraconscience.*

Supraconscience. — XIV-2. — Il y a d'après la théosophie, en chacun de nous trois consciences :

La Supraconscience —
La Conscience —
La Subconscience —

La Conscience se définit en quelque sorte d'elle-même et consiste en la notion nette de toutes nos activités : pensées, sentiments, actions.

La Subconscience représente le fonctionnement de notre être inférieur, l'automatisme psychologique, c'est-à-dire toute l'activité de notre être qui s'accomplit à notre insu, sans que nous intervenions, et dont la vie organique fait partie.

La Supraconscience est cette portion de nous-même vers laquelle tendent tous nos efforts, et où la vérité s'estompe pour nous dans un brouillard... pressentiments, intuitions, etc.

La Subconscience siège dans le Grand Sympathique et les centres nerveux d'ordre inférieur; la Supraconscience habite le Causal; la Conscience a pour centre le cerveau, et de là rayonne dans toutes les parties de notre être, en s'arrêtant toutefois aux domaines de la supraconscience, et de la subconscience qu'elle respecte.

Ces trois dénominations sont celles de la théosophie, mais dans d'autres sciences, sont connues sous des noms différents, par exemple dans les sciences psychiques, la supraconscience devient l'inconscient, le moi subliminal; on est à peu près d'accord sur le principe, mais on emploie des expressions différentes; nous nous en tenons à celles de la théosophie, qui sont les plus claires et les plus précises.

Théosophie. — Sagesse divine ou science de Dieu, présente actuellement deux grands courants : l'occidental et l'oriental. Ce dernier, science indoue, appuyée sur les Védas, en connexion avec la société de théosophie, est le plus important, il forme la base des idées présentées dans ce livre.

Voir pour plus de détails sur ce sujet; nos livres : *Évoluisme — Ésotérisme.*

Védas. — Livres Sacrés de l'Inde antique dont on trouvera une claire énumération dans la *Philosophie indoue* de M. Schultz.

TABLE

www.ingramcontent.com/pod-product-compliance
Ingram Content Group UK Ltd.
Pitfield, Milton Keynes, MK11 3LW, UK
UKHW021045200726
13857UKWH00003B/841